DER ISLAM,
DER UNS ANGST MACHT

Tahar Ben Jelloun

DER ISLAM,
DER UNS ANGST MACHT

Aus dem Französischen
von Christiane Kayser

BERLIN VERLAG

MIX
Papier aus verantwor-
tungsvollen Quellen
FSC® C083411

© Tahar Ben Jelloun und Berlin Verlag
in der Piper Verlag GmbH, Berlin 2015
Alle Rechte vorbehalten
Umschlaggestaltung: ZERO Werbeagentur, München
Gesetzt aus der Minion von Fagott, Ffm
Druck und Bindung: CPI books GmbH, Leck
Printed in Germany
ISBN 978-3-8270-1289-0

www.berlinverlag.de

Einsamkeit fühlt der Intellektuelle islamischer Kultur, der den Spagat machen muss zwischen der in Frankreich gewährten Gedankenfreiheit und der Zugehörigkeit zur Umma Islamiya, die ihn diese Freiheit nicht ausüben lässt.

Inhalt

I

Sieben Worte

Am liebsten hätte ich eine Zeichnung gemacht, ein paar Striche, die im Himmel enden, einen ausgerissenen Baum gemalt, dessen Wurzeln gen Himmel ragen, einen Baum oder einen ganzen Wald, in ein paar Minuten zerstört und aus dem Dasein gerissen, doch heute Morgen kann ich nicht mehr zeichnen, ich sitze hier, nicht resigniert, jedoch erschlagen von Worten, die von überall her auf mich einstürzen und auf meinen Schultern lasten. Ich bin besessen von diesen Worten, sie lassen mich seit jenem Mittwochmorgen, dem Morgen des 7. Januar, nicht mehr los. Es sind Worte, wie sie auf uns eindringen, wenn uns Kummer und Sorge überrollen, wenn sich Trauer in den Augen einnistet und schmerzt. Worte, die man hört und deren Bedeutung sich auflöst und manchmal zerschellt wie eine blinde Fliege an einer Fensterscheibe.

Das erste Wort,
das sich mir aufdrängte: Freiheit

Um sie wiederzuerlangen, hatte ich 1971 Marokko verlassen. Das Land war »im Notstand«. Die Polizei war allmächtig. Willkür. Unterdrückung. Keinerlei Freiraum mehr. Die Flucht, das Exil.

Jene, die die Redaktion von *Charlie Hebdo* ausgemerzt haben, hatten zugleich zum Ziel, der Freiheit im Land Voltaires den Garaus zu machen. Zum Glück trägt die Freiheit seit einiger Zeit eine schützende kugelsichere Weste. Nein, die Freiheit wurde nicht ermordet, wie es eine Tageszeitung als Überschrift verbreitete. Sie wird vom aufrecht stehenden französischen Volk verkörpert, das am Mittwochabend spontan auf die Straßen geströmt ist, mit einer Kerze oder einem Stift in der Hand, um zu verkünden »Je suis Charlie«.

Das zweite Wort: Wut

Ja, meine Wut ist rot, blau, tiefschwarz. Sie ist ruhelos, roh, undifferenziert. Sie streift durch mein Gedächtnis und holt ein paar Erinnerungen hervor, an Kinder, die vor ihren Schulen hingerichtet werden, oder an andere Kinder in Homs, deren Haut vom Giftgas des Herrn al-Assad verbrannt ist.

Es ist eine lange Liste. Ich wende mich ab und betrachte aufmerksam die letzte Zeichnung von Charb, auf der er einen Terroristen fragt: »Wie, kein Anschlag?« – »Man kann noch den ganzen Januar über seine Neujahrswünsche anbringen.« Neujahrswünsche, die das Blut von Künstlern vergossen haben, von Dichtern, Erzählern, Zeichnern ohne Hass, ohne Vorurteile, von Unschuldigen, die Farbe und Humor auf unsere Probleme aufgetragen haben. Sie hatten Spaß daran, die Wirklichkeit unverfroren, treffsicher und klug zu entziffern.

Das dritte Wort: Islam

Wie am Tag nach dem 11. September 2001 habe ich sofort gedacht: Der Islam landet auf der Anklagebank. Die Muslime werden die Rechnung für diesen Terror, diese ruchlosen Verbrechen bezahlen. Bescheidene Menschen, gewissenhafte Arbeiter, Familien, die zu Geiseln der Agenten des Bösen geworden sind. Menschen, ausgebildet im Irak oder Jemen, haben gelernt, mit einer Brutalität und Eiseskälte zu töten, die sie hinter dem Schleier einer Religion zu verbergen suchen.

Islam, Salam, Frieden, Ausgeglichenheit … in tiefer Trauer.

Das vierte Wort ist ein Lächeln …

… das von Cabu. Wie der Schriftsteller Daniel Pennac in der Sendung »La Grande Librairie« sagte: »Wie kann man eine Maschinengewehrsalve auf das Engelsgesicht von Cabu abfeuern?« Unbegreiflich. Ein Lächeln ermorden, eine unendliche Freundlichkeit, einen ewigen Jugendlichen, einen so leichtfüßigen Tänzer, dass er über unseren Köpfen schwebt, einen Stern, der im Sauseflug von uns ging … Dieses Lächeln lässt mich nicht los; es ist sein Presseausweis und sein Markenzeichen als Witzbold.

Das fünfte Wort: Rache

Sie haben behauptet: »Wir haben den Propheten gerächt.« Sein Geist hat sie niemals um etwas gebeten. Wenn der Prophet Mohammed vor einer Schlacht zu seinen Soldaten sprach, empfahl er ihnen ausdrücklich, »keine Frauen, Kinder oder Greise zu töten; keine Palme und keinen Baum auszureißen; keine Häuser zu zerstören; und sollten sie Mönche in ihren Zellen antreffen, sie in Frieden zu lassen« (vgl. *Al-Sira* von Mahmoud Hussein, Band 2, Paris 2007, S. 510).

Das sechste Wort: Unwissenheit

Denn Unwissenheit und Angst verursachen, beschwören und begründen Rassismus und Intoleranz. Auch wer nie zur Schule ging, kann großherzig, gut und menschlich sein. Doch das

Schlimmste ist der völlige Mangel an Erziehung. Mehr als je zuvor sollten nun Schriftsteller, Künstler, Intellektuelle, Handwerker, alle, die können, in die Schulen gehen, mit den Kindern sprechen, ihnen die Lust auf Poesie, den Willen vermitteln, durch Reisen in die geschriebenen, gemalten oder gefilmten Werke ihr Leben zu gestalten.

Von den Schulen müssen wir in die Gefängnisse ziehen. Auch dort gibt es wichtige Arbeit zu tun, denn wir müssen jungen Menschen zeigen, deren Leben bisher im Unglück gestrandet ist, dass es andere Wege gibt, dass Religion Privatsache ist, dass Spiritualität wesentlicher ist als ein bestimmtes Zurschaustellen der Religiosität, das mit dem Vergießen unschuldigen Blutes endet.

Das siebte Wort: Widerstand

In letzter Zeit verströmte ein in sich gekehrtes Frankreich übelriechende Gedanken. Frankreich verlor nach und nach seine Seele, verleugnete sein kulturelles und soziales Erbe, seine Traditionen. Engstirnige Krämerseelen besetzten die Medien und verkündeten unter der Last ihrer Armseligkeit oder ihrer dumpfen Eigensucht, wie sehr sich das Land habe »überschwemmen« lassen, wie sehr seine Identität verwischt, durch Infektion unglücklich gemacht worden sei, wie schnell es sein Wesen und seine Größe wiederfinden könne, wenn man es von all jenen Dahergelaufenen befreite, die nicht ihre Arbeitskraft verkaufen, sondern seine Güte ausnutzen wollten. So verbreitete manche Talkrunde Gerüchte und Launen; grobe Unterstellungen ließen einen entkoffeinierten Rassismus durchscheinen, das heißt einen scheinbaren »Rassismus light«, der jedoch das gleiche Unheil, die gleichen Katastrophen verursacht wie der Rassismus der offenen Arroganz.

So war der 7. Januar »ein Schlag in die Fresse«, wie Cabu gesagt hätte, einer Fresse, die nicht länger schweigen will, nicht länger das Gerede jener Mistkerle zulassen will, die schlau genug sind, die Register der Freiheit und der Demokratie zu ziehen, um Wehrlose zu vernichten. Wir müssen uns nicht nur dem Terror widersetzen, den die Feinde der Demokratie planen, sondern auch den Reden und Programmen jener, die Frankreich in den Schmutz, die Angst und den Hass hinunterziehen wollen.

II

Der Islam,
der uns Angst macht

Vorwort

Alles, was mit dem Islam zu tun hat, ist zur Tragödie geworden. Sollte dieser Islam so verletzlich sein? Eine nichtige Kränkung treibt fanatisierte, hysterische Massen auf die Straßen, die Fahnen und Abbildungen europäischer Staatschefs verbrennen.

Man möchte ihnen zurufen: »Beruhigt euch! Es ist doch nur eine Zeichnung! Und der Prophet steckt nicht in dieser Karikatur, denn der Prophet ist ein Geist, überlegen, man kann ihn nicht erfassen, man kann ihn in seiner Schönheit und seinem Humor nicht wiedergeben. Daher solltet ihr den Propheten nicht auf diese platte Ebene herabwürdigen.«

Doch solche Worte können kein Gehör finden. Die Umma umschließt die Gesamtheit der Muslime, die Guten wie die Bösen. Man kann sie nicht verlassen. Man wird als Muslim geboren und stirbt als Muslim. Aus dem Islam auszutreten ist ein Bruch mit schwerwiegenden Folgen. Am Ende des Weges steht die Apostasie, der Abfall vom Islam. Gott bestraft den Abtrünnigen. Auf Erden ist jedoch keine Strafe vorgesehen, was Staaten nicht daran hindert, Todesurteile zu fällen oder den Verlust der Staatsbürgerschaft zu beschließen.

Menschenmassen sind per se mit Taubheit und Blindheit geschlagen.

Eines Tages erhob sich am Ende eines Vortrags an der Universität Fès ein Student und fragte mich geradeheraus:

»Glauben Sie an Gott?«

Ich hielt einen Moment inne und antwortete dann:

»Das ist eine indiskrete Frage; die muss ich nicht beantworten.«

Im Hörsaal raunte und wisperte es, ich begriff, dass ich mich vor einem improvisierten Standgericht befand.

Ich erklärte ihnen das Prinzip der Gedankenfreiheit, das Recht, seinen Glauben oder Nichtglauben privat zu leben, die Freiheit, sein Leben und seine Einsamkeit zu wählen.

Verlorene Liebesmühe. Meine Worte stießen auf zahlreiche undurchdringliche Mauern. Unzulässig. Unannehmbar.

Jemand schrie: »Du bist ein Atheist und wagst nicht es zuzugeben!«

»Ihr werdet mich nicht in diese Falle treiben. Ich bestehe auf meiner Freiheit, meinen Glauben für mich zu behalten und nicht öffentlich zu machen.«

Schreie und Pfiffe im Saal. Für mich war es das Ende. Der Dekan leitete mich durch eine versteckte Tür hinaus und sorgte dafür, dass ich meine Heimatstadt Fès noch am gleichen Abend verließ.

Dieser Zwischenfall ist lange her. Ich sehe ihn als ersten Ausdruck religiöser Intoleranz in Marokko an. Wir schrieben das Jahr 1977!

Seither habe ich nie aufgehört, über den Islam nachzudenken, ihn zu hinterfragen, seine Texte und die Kommentare dazu zu studieren. Einerseits berührt und erschüttert mich die Schönheit des Korantexts, andererseits zittere ich vor Angst, wenn ich manche Verse zu den Strafen für Ungläubige, Zweifler und Polytheisten lese.

Es war mein Vater, der mich von diesen Ängsten befreite: Er war sich im Klaren, dass ich die Vorschriften dieses allgegenwärtigen Islam nicht kontinuierlich befolgte.

Er sagte mir: Du bist niemandem auf Erden Rechenschaft schuldig. Du bist vor Gott verantwortlich für deine Taten. Wenn du Böses tust, wird dir Böses widerfahren, wenn du Gutes tust, wird dir Gutes getan. Achte darauf, würdig, ehrlich, gerecht zu sein, das gegebene Wort einzuhalten, deine Eltern und Lehrer zu achten, aufrichtig, solidarisch, brüderlich zu sein. Im Übrigen wirst du sehen: Gott ist sehr groß in seiner Barmherzigkeit.

Allerdings ist der Islam in den letzten dreißig Jahren zu einem wichtigen Element des politischen und sozialen Lebens in Frankreich und zugleich in Europa geworden.

Die Trennung von Staat und Religion, wie sie in der französischen Laizität besonders konsequent durchgeführt ist, gewährt der Freiheit einen Raum, den es in keinem islamischen Land gibt (selbst nicht in der Türkei, die zwar formal ein laizistischer Staat ist, das aber immer weniger umsetzt).

Das der Laizität zugrunde liegende Prinzip ist ein Zeichen für Zivilisation. Die Trennung von Kirche und Staat, von Synagoge und Staat, von Moschee und Staat ist nichts Negatives. Im Gegenteil, es ist ein Zeichen von Respekt gegenüber den Religionen.

Der Islam tut sich schwer mit der Laizität. Manche Muslime richten sich damit ein, andere verstehen den Sinn einer solchen Trennung nicht.

Die Laizität beinhaltet Ausdrucksfreiheit. Aufgrund dieses Postulats gibt es keine Grenzen für das, was man ausdrücken darf. Ob es uns gefällt oder erzürnt, wir müssen zulassen, dass jene, die sich mit Worten, Sprache, Zeichnungen, Karikaturen, Gedichten ausdrücken, frei sind, ganz und gar frei.

Es ist schwer, dieses Postulat durchzusetzen: Die Ausdrucksfreiheit ist total. Die Millionen von Einwanderern, die in Europa arbeiten, sind nicht gewohnt, Gotteslästerung zu sehen und zu hören. Das ist nicht Teil ihrer Kultur. Solange die Gotteslästerung Christen oder Juden trifft, achten sie nicht darauf. Vielleicht denken sie, die Gotteslästerung gegen den Islam sei schlimmer, da die Christen und Juden an die Freiheiten der Laizität gewöhnt sind. Es gibt auf beiden Seiten wenig Empathie.

Als am 30. September 2005 die dänische Tageszeitung *Jyllands-Posten* ein Dutzend Illustratoren bat, Zeichnungen vom Propheten der Muslime anzufertigen – Karikaturen, die nicht nur zum Ziel hatten, heftige Reaktionen auszulösen, sondern vor allem die Vorherrschaft jener Freiheit verkünden sollten, die den europäischen Völkern am Herzen liegt –, war dies der Augenblick, von dem ab die große Mehrheit der muslimischen Bevölkerung am eigenen Leib die wüsten Auswirkungen der Ausdrucksfreiheit entdeckte. Die Zeichnungen stellen Mohammed auf unanständige, furchtbare Weise dar. Für die islamische Welt sind dies Beleidigungen, Angriffe auf die Würde einer heiligen Persönlichkeit. Das ist unannehmbar. Die Europäer konnten sich kaum vorstellen, was diese Initiative an Reaktionen in der islamischen Welt auslösen würde. Viele Demonstrationen, viel Gewalt, viel Unverständnis.

Da ist meine Einsamkeit zutage getreten; ich habe mich in keiner Weise in jenen hysterischen Menschenmassen wiedererkannt; ich war gegen die Veröffentlichung der Karikaturen, auch wenn ich ihren Autoren das Recht zugestand, sie zu zeichnen und publik zu machen. Aus meiner Sicht hätte man dem Ganzen mit Gleichgültigkeit begegnen müssen. Ich wiederhole: Der Prophet Mohammed ist nicht in diesen Zeichnungen dargestellt; er ist ein Geist, der Geist eines einfachen Mannes, der zu einer außergewöhnlichen Gestalt wurde. Der Prophet lässt sich in einer Abbildung nicht festhalten. Was bleibt, ist die Vorstellung, die wir uns von ihm machen. Da kann sich jeder ausmalen, was er möchte. Man wird nicht Polizei spielen und kontrollieren, was sich jeder Zeichner oder Journalist vorstellen darf.

Nach den tragischen Ereignissen vom 7. und 9. Januar 2015 können wir nicht länger schweigen oder uns weiter damit begnügen, zu sagen: »Das ist nicht der Islam.« Natürlich kann jeder diesem Satz zustimmen. Aber woher kommt dieser Islam, der Angst macht, der bedroht, tötet, köpft und Terror sät? Diese Barbarei beschmutzt den Islam, das ist wahr. Aber die Frage, die mich quält, lautet: Wie konnten Hass und Grausamkeit kübelweise in die Köpfe jener drei Individuen gegossen werden, während man sie dabei glauben machte, das sei der Islam? In der Geschichte dieser Religion muss es Zeiten gegeben haben, zu denen der Prophet Krieg führen musste, Zeiten und Bedingungen, als der Dschihad der Verteidigung diente, bevor er zum Eroberungsfeldzug wurde. In der Sure »Die Frauen« (Sure 4, Vers 74) heißt es: »Und wenn einer um Allahs willen kämpft, und er wird getötet – oder er siegt –, werden wir ihm (im Jenseits) gewaltigen Lohn geben.«

Dieser Vers, buchstäblich verstanden und mit einer gewissen Feierlichkeit gelesen, könnte manche überzeugen, die zögern, den Weg des bewaffneten Kampfes zu beschreiten. Ein Kampf worum, für wen? Das bleibt ein Rätsel.

Muss man Angst
vor dem Islam haben?

Papa, ich will dir eine Frage stellen, die dich ärgern wird, denn ich weiß, dass dich viele Leute das fragen: Sag mir, muss man Angst vor dem Islam haben? Oder warum haben hier in Europa immer mehr Leute Angst vor dem Islam?

Zuerst einmal: Von welchem Islam redest du?

Gibt es denn mehr als einen Islam?

Nein, doch es gibt mehrere Interpretationen der Texte, auf denen diese Religion gründet, die jüngste der Offenbarungsreligionen. Wie du weißt, ist es eine monotheistische Religion – ein einziger Gott namens Allah –, inspiriert von den beiden anderen monotheistischen Religionen, dem Judentum und dem Christentum. Wie auf alle Religionen wirken auf den Islam ständig unterschiedliche und sogar widersprüchliche Interpretationen. Folglich gibt es den Islam und dann gibt es jene, die ihn zur Gewalt hinzerren, weil ihre Lesart die Feinheiten und die Tiefe des islamischen Denkens nicht erfasst. Sie lassen ihn sagen, was er nicht sagt.

Aber die Leute unterscheiden nicht zwischen dieser und jener Interpretation der Texte. Ihnen macht der Islam Angst, denn sie sehen, wie manche Individuen Muslime und Nichtmuslime, die sie Ungläubige nennen, töten, morden und enthaupten. Da kann man schon Angst und Wut verspüren.

Man kann den Islam nicht auf diese furchtbaren Bilder reduzieren, wo Verbrecher im Namen der Religion Mohammeds

Schandtaten begehen. Dein Zorn ist berechtigt. Doch du sollst auch wissen, dass seit etwa dreißig Jahren an erster Stelle die Muslime unter diesem gewaltsamen Islamismus leiden.

Was geschieht in der Welt? Sind wir im Krieg?

In gewisser Weise ist es ein Krieg neuer Art. Die Kontrahenten stehen sich nicht gegenüber. Der Krieg wird auch über das Internet und die sozialen Netzwerke geführt.

Warum wehren sich die muslimischen Führer dann nicht und verurteilen diese Mörder?

Weil es im sunnitischen Islam keine Hierarchie gibt, keine Priester, keine Bischöfe, keinen Papst. Der Gläubige ist Gott direkt rechenschaftspflichtig. Daher kann niemand im Namen aller Muslime sprechen. Die Schiiten (die Anhänger Alis, des würdigen Imam und Kalifen, des Nachfolgers von Mohammed), der andere Zweig des Islam, hat eine Hierarchie eingerichtet; sie haben Mullahs, Ajatollahs, Muftis etc. Nichtsdestotrotz ist die Mehrzahl der Muslime nach den Anschlägen vom 7. Januar 2015 entsetzt, sie können sich nicht vorstellen, dass man im Namen des Islam Massaker begeht. Da der Einzelne sich direkt vor Gott verantworten muss, kann er töten und muss gegenüber der Gesellschaft keinerlei Rechenschaft ablegen. Das ist eine perverse Interpretation der Schriften des Islam. Wonach die Mörder suchen, ist Zugehörigkeit, zu einer Sache oder – wie in einer Sekte – zu jemandem. Das Identitätsproblem wiegt ziemlich schwer; die europäischen Länder, aus denen einige Jugendliche ausziehen in den Dschihad und diesen gegebenenfalls nach der Rückkehr auf christlichem Boden weiterführen, verstehen nicht, dass es sich nicht um ein religiöses Problem handelt, sondern um eines der Identität.

In der muslimischen Gesellschaft gibt es Unbehagen, denn jedes Mal, wenn ein Anschlag im Namen des Islam verübt wird, fühlen sich die Gläubigen schlecht, sie freuen sich nicht und sie wissen, dass ihr Ruf dadurch geschädigt wird. Ulemas, das heißt Theologen, Menschen, die die Texte ausgiebig studiert haben, wie die Rektoren der Al-Azhar-Universität in Kairo, haben die Anschläge vom 7. und 9. Januar verurteilt. Doch ihre Autorität kommt der eines Papstes nicht gleich.

Ich kann mir vorstellen, dass sich die Muslime in Frankreich nach den Anschlägen des 7. Januar 2015 gegen die Redaktion der Zeitschrift Charlie Hebdo *und gegen einen koscheren Supermarkt in Paris schlecht fühlen …*

Selbstverständlich, diese barbarischen Taten haben uns alle schockiert, bestürzt, wir haben geweint, denn es waren einfache Journalisten, Zeichner, Dichter, Satiriker, sie fühlten keinen Hass, hatten keine Vorurteile. Ihre Arbeit bestand darin, sich über alles und alle lustig zu machen. Unglücklicherweise gibt es einzelne Leute, die sich über diese Massaker, die siebzehn Opfer gefordert haben, freuten. Es waren nicht viele, aber es gibt sie. Als ganz Frankreich am Tag nach den Anschlägen eine Schweigeminute einhielt, haben sich Schüler in siebzig Grund- und Sekundarschulen geweigert, die unschuldigen Opfer zu ehren. Man muss jedoch betonen, wie unbedeutend diese Zahl bleibt, denn in Frankreich gibt es 64 000 Schulen, an denen alles gut abgelaufen ist.

Wie kommt es, dass ganz Frankreich unter Schock stand (noch nie hat es eine solche Einigkeit gegeben) und dass die Jugendli-

chen in den Vororten sagten: »Ich bin nicht Charlie; die sind selber schuld; sie hätten sich nicht an unserem Propheten vergehen dürfen«?

Ja, die Presse hat berichtet, dass einige »Bewunderung und sogar Faszination« für die Mörder der Redaktion von *Charlie* verspürten. Die Parole, die sogar in Amerika viel Erfolg hatte, »Je suis Charlie«, wurde bei manchen zu »Ich bin nicht Charlie, ich bin Kouachi und Coulibaly« (die Namen der Mörder). Jean-Marie Le Pen, der Ehrenpräsident des Front National, hat erklärt: »Ich bin nicht Charlie.« Ein Erzieher, Jamel Guenaoui, der Sprecher eines »Kollektivs für Demokratie der Farben der Diversität«, hat einem Journalisten der Tageszeitung *Figaro* am 14. Januar 2015 erklärt: »Ihnen ist alles egal. Sie verspüren unglaublichen Hass. Wir müssen sie aus diesem Umfeld herausholen, damit sie die anderen akzeptieren lernen und dadurch auch sich selbst akzeptieren können. Sie sind orientierungslos, bereit, dem ersten Helden oder Tribun zu folgen …« Die von den Zeichnern veröffentlichten Karikaturen des Propheten Mohammed haben ihnen Gelegenheit gegeben, zu protestieren und ihre muslimische Identität einzufordern.

Deshalb setze ich mich unentwegt für grundlegende Arbeit ein. Sie wurden derart an den Rand gedrängt, vergessen, unter sich gelassen, dass sie eine geschlossene Gesellschaft mit eigenen Regeln und Gesetzen entwickelt haben. Die Polizei dringt in bestimmte Viertel nicht ein. Sie betrachtet es als zu gefährlich und denkt auch, dass es nichts nützen würde.

Was wissen sie über den Islam?

Nichts oder fast nichts. Versatzstücke von Versen oder Parolen, die ihren Hass rechtfertigen.

Aber im Sommer 2014, als die israelische Armee den Gazastrei-fen ständig bombardierte, als sie hörten, wie Hollande und sein Innenminister Valls Israel bedingungslos unterstützten, muss ihr Hass sich unglaublich verstärkt haben. Schüler einer Sekundar-schule aus den Vororten haben ja gesagt: »Warum sollen wir eine Schweigeminute für Juden einlegen, wenn letzten Sommer nie-mand eine Schweigeminute für die Palästinenser eingehalten hat!« Dieses Problem existiert und vertieft den Graben zwischen diesen Jugendlichen und der Republik. Manche sind solidarisch mit der palästinensischen Sache, wie jüdische Mitbürger solida-risch mit Israel sind. Nach Zahlen der UNO sind während der letzten Ereignisse in Gaza 2104 Palästinenser gestorben, darun-ter 415 Kinder. Israel hat 71 Menschenleben verloren.

Ja, sie empfinden starkes Unrecht; die palästinensischen Opfer werden ihrer Meinung nach nicht mit dem gleichen Mitgefühl behandelt wie die israelischen Soldaten. Zweierlei Maß. Dieser Konflikt und die Art, wie Politiker und Medien damit umge-hen, spielt eine wichtige Rolle beim Bruch zwischen diesen Ju-gendlichen und dem Rest der französischen Gesellschaft.

Ich stelle meine Frage erneut: Müssen wir Angst vor dem Islam haben? Befinden wir uns im Krieg?

Ich würde sagen, wir müssen Angst haben vor jenen, die sich dieser Religion bedienen, um zu herrschen und die anderen zu unterdrücken; ja, die Dschihadisten machen Angst, auch wenn alle Welt weiß, dass sie nicht die Vertreter des wahren Islam sind. Sie sind es, die Krieg mit uns führen, einen neuar-tigen Krieg. Der Feind existiert, droht, verbreitet Terror, doch er hat kein Gesicht, keinen konkreten Ort, er ist überall. Es ist schwer, sie zu bekämpfen.

Dann gibt es doch guten Grund, Angst zu haben … Du verstehst also, dass die Italiener, die Franzosen, die Deuschen, kurz, die Europäer, Angst vor dem Islam haben können und auch vor manchen Muslimen. Ich rede vom wahren Islam, denn die Frau genießt dort nicht die gleichen Rechte wie der Mann; Polygamie ist erlaubt, eine Frau kann verstoßen und sogar gesteinigt werden, wie es in Saudi-Arabien, in Pakistan oder im Iran passiert. Wenn sie erbt, bekommt sie nur die Hälfte dessen, was den Söhnen zusteht, etc.

Da verweise ich dich auf mein anderes Buch, *Papa, was ist der Islam?* Dort erkläre ich das alles, auch wenn ich nicht damit einverstanden bin. Wenn die Europäer die Situation der Frau sehen, sind sie schockiert, wenn die Scharia in ihrer ganzen Härte angewandt wird, wie zum Beispiel, wenn die Hand des Diebes abgehackt, die ehebrecherische Frau gesteinigt oder einem wegen eines kleinen Verbrechens zum Tode Verurteiltem der Kopf abgeschlagen wird. Das macht Angst und zieht Gräben zwischen uns und jenem Islam.

Du verstehst also, dass sie nicht wollen, dass sich jener Islam bei ihnen einrichtet? Das sagt die Partei Lega Nord in Italien: Es gibt Grund zur Besorgnis, und es muss alles getan werden, um die Muslime aus Italien auszuweisen … In Frankreich hat ein Journalist sogar von »Deportation« gesprochen!

Die Lega wie der Front National in Frankreich oder die NPD in Deutschland (wo zudem die AfD und die Pegida-Bewegung solche Ängste schüren), die FPÖ in Österreich, der Vlaams Belang in Belgien, die Neonazi-Partei Goldene Morgenröte in Griechenland etc. sind rechtsextreme Parteien, deren Hauptanliegen der Kampf gegen Einwanderung ist, besonders wenn es sich um Muslime handelt. Sie jagen den Leuten Angst ein, ohne zu erklären, warum es Einwanderung gibt, durch Muslime oder andere. Sie haben verstanden, dass verängstigte Wähler ihnen ihre Stimme geben werden. In gewisser Weise wollen sie die Wahlen dank der Angst vor dem Islam gewinnen. Im Übrigen verstehe ich die Angst der schlecht informierten Menschen, besonders wenn ihre Sicherheit durch die zuständigen Institutionen nicht wirklich gewährleistet ist. Es ist leichter, Angst und Besorgnis zu erregen, als die Leute zu beruhigen. Ein einziger Anschlag am 19. März 2012 durch einen jungen Franzosen nordafrikanischer Herkunft, Mohamed Merah, hat alle Muslime Frankreichs zu Verdächtigen gemacht (Merah hat drei Soldaten in Montauban und vier Juden, darunter drei Kinder, in Toulouse umgebracht). Heute ist es durch die drei Terroristen, die sich auf den Islam beriefen und mitten in Paris siebzehn Personen umgebracht haben, sehr schwierig, das Image des Islam zu retten. Man kann noch so oft sagen, dass es ein pervertierter Islam ist, dass sie Ignoranten sind; die meisten Menschen verallgemeinern und verurteilen den Islam in Bausch und Bogen. Das ist eine Tatsache.

Das war ja auch so bei dem Angriff gegen Charlie Hebdo!

Ja, seit diese satirische Wochenzeitschrift 2006 Karikaturen des Propheten Mohammed veröffentlicht hat, wurden die Mitarbeiter bedroht; 2010 wurden ihre Büros angezündet; am 7. Januar 2015 wurde fast die gesamte Redaktion der Zeitung exekutiert. Die Mörder sagten: »Wir haben den Propheten gerächt.« Doch der Prophet, damit meine ich seinen Geist, hat sie um nichts gebeten. Für diese Leute und ihre Anführer, die sie manipulieren, hatten diese Zeichner das höchste Verbrechen begangen, Blasphemie, sie hatten den Propheten karikiert, sie hatten ihn

lächerlich gemacht. Deshalb wurden diese beiden Killer geschickt, um ein Blutbad zu veranstalten.

*Du sprichst von den Karikaturen, die in einer dänischen Zei-
tung erschienen sind.*

Ja, *Charlie Hebdo* hatte sie abgedruckt und dazu weitere Zeichnungen mit Karikaturen des Propheten veröffentlicht.

Und deshalb haben sie zwölf Menschen umgebracht ...

In Wahrheit wollten sie nicht nur Cabu, Wolinski, Charb und
alle anderen töten, sie wollten auch Terror ausüben und die
Freiheit beschneiden, zu schaffen, zu schreiben, zu zeichnen,
zu singen, ironisch zu sein, kritisch, satirisch etc. So viel ver-
gossenes Blut im Kampf gegen den Humor! Allerdings mag
keine Religion Humor und Lachen. Doch deshalb Menschen
zu töten, das ist furchtbar.

*Also kann ich als Mädchen muslimischer Kultur nicht über so
etwas lachen oder Witze über die Religion machen?*

Doch, das kannst du, jedoch nicht in einem islamischen Land.
In Europa hast du das Recht, dich auszudrücken, wann und wie
du willst. Du kannst schreiben, zeichnen, malen, singen ... Niemand hat das Recht, diese Freiheit zu unterbinden. Zugleich
können Fanatiker kommen und dir Probleme bereiten ... In
Frankreich gibt es eine grundlegende Freiheit, Ausdrucksfreiheit. Das hat eine lange Geschichte, Voltaire, Rabelais, Zola etc.
Es ist eine Tradition dieses Landes. Zu allen Zeiten hat es satirische Zeitschriften gegeben. Sie haben sich immer über die Religionen lustig gemacht. *Charlie Hebdo* hat Hunderte von Titel-

bildern veröffentlicht, auf denen der Papst lächerlich gemacht, verunstaltet, verunglimpft wurde, das ist eben Freiheit.

Doch warum haben sie Zeichnungen veröffentlicht, die den Propheten mehr als einer Milliarde Gläubiger lächerlich machen? Ist das keine Provokation, um die Muslime zu beschimpfen und zu demütigen?

Es ist eine Provokation von zudem schlechtem Geschmack; ich verstehe die Gläubigen, die sich beleidigt fühlen, weil man einen heiligen Mann angegriffen hat. Aber sie leben in einem Land, in dem es immer schon Blasphemie gegeben hat.

Frankreich ist ein laizistisches Land.

Ja, für jene Fanatiker ist die Laizität eine Art Atheismus. Sie wissen nicht, was sie bedeutet. Für sie wird jeder, der Blasphemie begeht, zum Apostaten, das heißt zu jemandem, der von der muslimischen Gemeinschaft ausgeschlossen wird; sein Blut ist nicht mehr geschützt, mit anderen Worten, sein Blut muss vergossen werden. Das sind die Worte, die Ajatollah Khomeini benutzte, als er die Fatwa verkündete zur Ermordung des britischen Schriftstellers Salman Rushdie, der indischer und muslimischer Herkunft ist und die *Satanischen Verse* geschrieben hat. Das war 1988. Dieses Urteil wurde nie aufgehoben. Rushdie wird weiterhin bedroht, auch wenn er heute normal lebt. Wegen eines Romans töten! Das ist furchtbar!

Also ist der Islam gewaltsam!

Das ist ein Aspekt der Religion. Doch dem Koran zufolge kümmert sich Gott um die Muslime, die vom Weg abkommen. Hier aber ist es nicht Gott, der den Schriftsteller bestraft, es ist ein Greis, der die Freiheit, etwas zu schaffen, sich etwas auszumalen, zu erfinden, nicht zulassen kann. Rushdie erzählt eine Geschichte, er hat kein Essay zum Angriff auf den Islam geschrieben. Diese Fatwa hat andere ermutigt zu töten, zum Beispiel wurde einer von Rushdies Übersetzern erstochen.

Das ist furchtbar. Zurück zu den Kouachi-Brüdern. Sie sind Franzosen, in Frankreich geboren von eingewanderten Eltern. Warum haben sie sich benommen wie Barbaren? Wie kommt es zu so blutigen Taten?

Eben, sie sind Franzosen, aber fühlten sie sich wirklich als Franzosen? Sehr früh waren sie auf sich selbst gestellt, ohne Erziehung, ohne nachhaltige Schulbildung, Kleinkriminelle, die im Knast gewesen sind, herauskamen mit leerem Kopf oder vielmehr mit wirrem Kopf. Sie waren ideale Opfer für die Werber des Dschihad. So werden erbarmungslose Mörder produziert! Sie hatten Kontakt zu einem gewissen Farid Benyettou, einem charismatischen Meisterdenker, der sie wohl beeindruckt hat. Dieser Mann hat sie indoktriniert, die Worte gefunden, die sie hören wollten. Vielleicht haben sich danach andere an ihre Gehirnwäsche gemacht und ihre Köpfe mit islamistischen Parolen gefüllt. Benyettou hatte sechs Jahre im Gefängnis gesessen, verurteilt wegen Zugehörigkeit zu einer terroristischen Vereinigung. 2008 hatte das Pariser Gericht ihn als Leiter eines Netzwerks angesehen, das als »Buttes Chaumont« bezeichnet wurde und Jugendliche für den Krieg im Irak rekrutierte. Die Kouachi-Brüder waren von ihm vorbereitet worden, dann wurden sie von anderen Individuen übernommen, die sie bewaffneten und ausbildeten, um in Frankreich Anschläge zu verüben. Heute wissen wir, dass al-Qaida im Jemen diese Verbrechen für sich beansprucht hat.

Sind die Kouachi-Brüder und Coulibaly, der eine Polizistin sowie vier Juden in einem koscheren Supermarkt umgebracht hat, sind diese drei Muslime?

Für die überwiegende Mehrheit der Muslime sind sie Ignoranten und Verbrecher, die den Islam als Vorwand für ihre Taten nutzen. Es gibt nichts Schlimmeres als mit Arroganz gepaarte Ignoranz. Wir müssen aber feststellen, dass, auch wenn man mit allen Mitteln beweisen kann, dass sie schlechte Muslime sind, die Mehrheit der Menschen dieses furchtbare Gesicht des Islam im Gedächtnis behält. Es wird viel Arbeit in den Medien, sehr viel Pädagogik in den Schulen brauchen, um dieses Bild zu löschen.

Ja, aber sie sind doch extra gekommen, um jene, die es gewagt haben, Karikaturen von Mohammed zu veröffentlichen, zu bestrafen. Für sie war es klar, der Prophet wurde beleidigt, sie rächten ihn.

Diese Zeichnungen durfte man nicht ernst nehmen, denn für mich, für jeden wahren Muslim, kann der Prophet nicht karikiert werden, er ist ein Geist, ein höherstehender Geist, nicht mit einem Bleistift zu erfassen. Dieser Sache hätte man mit Gleichgültigkeit begegnen müssen. Ernsthaft, wenn du diese Zeichnungen siehst, denkst du dann an den Propheten? Wir dürfen auch nicht vergessen, dass Frankreich ein Land der Gewissensfreiheit ist, auch der Freiheit, zu schreiben und zu sagen, was man will, das sind hehre Prinzipien. Es gibt keine Zensur mehr. Wenn du Franzose bist, musst du dieses Gesetz akzeptieren. Wenn du Franzose und Muslim bist, musst du die Gesetze der Republik achten. Staatsbürger zu sein besteht genau darin. Doch die Kouachi-Brüder und ihr Freund Coulibaly haben als Ausführende eines Islam gehandelt, der von der Zentrale des internationalen Terrorismus, von al-Qaida, fabriziert wurde.

Was mir als Französin muslimischer Kultur Angst macht, ist, dass man in Frankreich Personen umbringen kann, die Blasphemie begangen haben. Wir leben in einem demokratischen laizistischen Land. Wir haben das Recht, die Religion zu kritisieren.

Ja, Frankreich hat jahrzehntelang gekämpft, um 1905 die Laizität, das heißt die strikte Trennung von Kirche und Staat, im Land etablieren zu können. Natürlich waren die Religionsvertreter nicht zufrieden. Doch die Vernunft hat über den Glauben gesiegt. Laizität jedoch ist nicht Hass auf Religionen, im Gegenteil, alle Religionen müssen respektiert und jeder Glauben geachtet werden, aber das bleibt im Bereich des Privaten, es darf das öffentliche, vom Staat geregelte Leben nicht berühren. Es gibt Gewissensfreiheit, das heißt jeder Bürger hat das Recht, an Gott zu glauben oder nicht. Er kann sogar über die Religion spotten. Deshalb wird er nicht ins Gefängnis geworfen. Es gibt auch Ausdrucksfreiheit. Diese Freiheit ist heilig. Ein Teil der Muslime in Frankreich lehnt diesen Aspekt der französischen Gesellschaft ab. Vielleicht liegt es daran, dass manche sich nicht integrieren oder außerhalb der französischen Identität bleiben. Um zu den Karikaturen zurückzukommen: Die Zeitung *Le Figaro* vom 15. Januar 2015 veröffentlichte eine Reportage aus Kairo, die den Zorn der Menschen dort beschreibt. Darunter Ashraf Adli, ein Theologieprofessor an der Al-Azhar-Universität, der sich auf die Ausgabe von *Charlie Hebdo* nach dem Tod der Redaktion bezieht: »Diese Leute wollen wirklich Schwierigkeiten bekommen! Ich bedaure den

Anschlag, der auf sie verübt wurde. Doch bei uns ist Mohammed heilig. Da rührt man nicht dran. Deshalb sollen sie sich nicht beklagen, wenn erneut auf sie geschossen wird.« Ein anderer fügt hinzu: »Je mehr beleidigende Zeichnungen es geben wird, desto mehr extremistische Reaktionen werden folgen.« In Jerusalem hat auch der große Mufti Muhammad Hussein diese »Beleidigung« gegeißelt, die »die Gefühle von mehr als zwei Milliarden Muslimen in der Welt missachtet hat«.

Das verstehe ich. Wahrscheinlich ist kein einziges arabisches oder muslimisches Land laizistisch.

Nur die Türkei ist offiziell laizistisch, seit 1924 dort Mustafa Kemal die Macht übernommen hatte. Doch die heutige Türkei unter der Führung von Erdoğan neigt immer mehr dem Islamismus zu. Außer diesem Einzelfall ist kein einziges Land des muslimischen Einflussbereichs, von Nordafrika über Afrika und Asien bis zum Nahen Osten, laizistisch. Eine Debatte, auch nur eine Debatte über Laizität ist unmöglich. Von Zeit zu Zeit gibt es Intellektuelle in Ägypten, Marokko und Tunesien, die das Problem aufwerfen, doch sie bleiben eine verschwindende Minderheit. Keine Laizität, das heißt keine Kritik, kein Zweifel, kein Widerspruch. Der Islam ist heilig. Man rührt nicht daran. Das heißt auch, dass die Muslime sich verwundbar fühlen. Bei den Katholiken war es das Gleiche, als die Zivilgesellschaft im 19. Jahrhundert begann, die Trennung von Kirche und Staat zu fordern. Die Vertreter der Religion haben gekämpft, die Kirche hat protestiert, doch im Dezember 1905 ging in Frankreich das Gesetz durch. Seither ist die Religion keine heilige Sache mehr, zum Beispiel hat der Staat nicht das Recht, religiöse Schulen zu fördern, sich in das Leben dieser oder jener Religion einzumischen. In den verschiedenen europäischen Ländern verlief die Entwicklung unterschiedlich, so ist in Deutschland, wo gegen Ende des 19. Jahrhunderts der Konflikt im Kulturkampf eskalierte, die Trennung von Religion und Staat weniger strikt durchgeführt, doch auch hier ist Letzterer in Religionsfragen zur Neutralität verpflichtet.

Letztens hast du mir erzählt, dass Tunesien es gewagt hat, eine außergewöhnliche Verfassung zu verabschieden ...

Ja, nach der Revolution hat das Parlament trotz der Anwesenheit der Islamisten der Ennahda für eine revolutionäre Verfassung gestimmt, die einzigartig in der arabischen und muslimischen Welt ist, denn sie gesteht »Gewissensfreiheit« zu und auch gleiche Rechte für Mann und Frau. Das ist einzigartig. Dazu muss man sagen, dass es nur möglich war, weil der ehemalige Präsident Habib Bourguiba (1903–2000) die Dinge vorbereitet und ein Familiengesetz erlassen hatte, das Mann und Frau die gleichen Rechte zugesteht. In Tunesien gibt es eine Tradition des Kampfes für die Gleichstellung. Bourguiba war es, der die tunesischen Frauen befreite. Fundamentalisten haben versucht, das Familiengesetz zu ändern, glücklicherweise ist es ihnen nicht gelungen, doch sie haben Menschen umgebracht, die nicht mit ihrem Programm einverstanden waren.

Warum sind die anderen Länder dem tunesischen Beispiel nicht gefolgt?

Weil sie Angst vor dem eigenen Volk haben. Es ist nicht leicht, die Moderne in die Mentalität und das Verhalten der Menschen einzuführen. Und die Moderne bemisst sich im Wesentlichen am Platz der Frau im sozialen System. Die Moderne bedeutet die Anerkennung des Einzelnen, doch in den arabisch-muslimischen Gesellschaften sind es der Klan, die Familie, die Ethnie, die Vorrang haben, nicht der Einzelne. Daher auch das Fehlen sozialen Fortschritts, daher die Bindung an den Islam als gemeinsamen Nenner für alle gesellschaftlichen Schichten. Manche, die sich öffentlich vom Islam lossagen, fühlen sich verloren. Der Islam befriedet. Auch diesen Aspekt muss man verstehen. Die Laizität bedeutet ja auch nicht das Verschwinden der Religion, sie bedeutet nur, dass die Religion in den Herzen und Religionsstätten bleibt. Die Religion darf sich nicht in die Politik einmischen, sie ist keine Ideologie, sie ist eine Spiritualität, die der Mensch braucht, um seinen Ängsten entgegenzutreten. Dieses Bedürfnis muss man respektieren, wie auch immer man zum Glauben steht.

Hat es seit dem Blutbad vom 7. und 9. Januar Reaktionen von nichtfanatischen Muslimen gegeben?

Ja, am 11. Januar 2015 hat eine Gruppe von 67 Intellektuellen, Künstlern, Schriftstellern und Akademikern aus der muslimischen Welt einen Appell veröffentlicht, um zu verkünden, dass »in der muslimischen Welt Reformen unumgänglich sind, um diesem Krieg (dem der Dschihadisten) entgegenzutreten. Unverzichtbare Gegenmittel sind Staatsbürgerlichkeit, Gleichheit, Gewissensfreiheit, Rechtsstaatlichkeit und alle Menschenrechte. (…) Die Antwort auf diesen Krieg besteht darin, anzuerkennen und klar auszudrücken, dass der historische Charakter und die Unanwendbarkeit einer gewissen Anzahl von Texten aus der Tradition eine Tatsache sind und daraus Schlüsse gezogen werden müssen. (…) Diese Kämpfer nähren sich mit islamischen Texten, die zu Gewalt aufrufen – was es auch in anderen Religionen gibt –, die sich auf einen anderen Kontext und eine andere Ära beziehen, die heute hinter uns liegen. Alle Betroffenen, an führender Stelle die Religionsführer und die Verantwortlichen jeden Landes, müssen erklären, dass diese Texte nicht mehr adäquat, dass sie überholt und unanwendbar sind. Diese Position muss der Beginn einer wahren Reform des Religiösen in jedem Land und über das Religiöse hinaus eine Anpassung der Gesetzgebungen sein. (…) Alle Reden oder Initiativen, die diese Radikalisierung, den Hass, den Rassismus fördern oder ermutigen, müssen als Verbrechen geahndet werden. Die Schulprogramme und der Tenor der öffentlichen Medien sowie die Predigten in den Moscheen müssen den universellen Idealen der Gewissensfreiheit und der Menschenrechte entsprechen. Es gibt keine Religion, die über einer anderen steht. Die Menschheit ist eins und unteilbar.«

Siehst du, zwar kannst du sagen, es sind nur 67 Unterschriften. Doch diese Petition existiert und sie wird von vielen Menschen unterschrieben werden.

Eine andere Frage: Angesichts dessen, was du mir erklärst, ist der Islam überhaupt möglich in einer laizistischen Demokratie wie der Frankreichs?

Sicher ist er möglich, jedoch müssen die Muslime einen Islam erfinden, der die Aspekte ausschaltet, die ihn unvereinbar mit den Gesetzen der Republik machen. Es hat einige Versuche gegeben, doch wir sind noch weit entfernt von einem befriedeten, ruhigen, im Privaten gelebten und die Gesetze des Landes achtenden Islam … Wenn zum Beispiel ein Mann seine Ehefrau in die Notaufnahme des Krankenhauses begleitet und verweigert, dass der untersuchende Arzt ein Mann ist, kann das nicht akzeptiert werden. Das Gleiche gilt für Eltern, die ihren Töchtern verbieten, in der Schule Gymnastik zu treiben, weil sie nicht ausreichend bekleidet seien, das geht nicht.

Ist es denn möglich, den Islam einer Reform zu unterziehen, wie es die 67 Unterzeichner der Petition fordern?

Alle Religionen standen eines Tages vor diesem Problem. Der Islam widersetzt sich. Wenn man jedoch die zu Zeiten des Propheten geschriebenen Texte studiert oder auch die Texte aus den Zeiten der islamischen Aufklärung zwischen dem neunten und zwölften Jahrhundert, sagt man sich, dass der Islam eines Tages wieder bei dieser Intelligenz, dieser Klarheit, diesem goldenen Zeitalter anknüpfen könnte. Doch die regressiven Kräfte wirken und verhindern jede Debatte über diese Frage. Ich gebe dir ein Beispiel: In Ägypten hat es eine reformistische Strömung gegeben, die von Muhammad Abduh (1849–1905) vertreten wurde, er hatte mit einem anderen Reformisten, einem Befreiungstheologen gearbeitet, Dschamal ad-Din al-Afghani (1838–1897). Sie haben versucht, die religiösen Texte aus der alten starren Hülle zu befreien. Alle beide waren Rationalisten, sie sagten: »Wenn es einen Konflikt zwischen Vernunft und Tradition gibt, sollte die Vernunft die Oberhand behalten.« Sie stellten die Freiheit und Verantwortlichkeit des Menschen an erste Stelle. Anders gesagt, sie machten aus der Religion einen Rahmen, innerhalb dessen der Mensch die Texte auf intelligente Weise interpretieren, das heißt sie in den historischen Kontext, in dem er lebt, einfügen muss. Sie waren sich einig mit Averroës (1126–1198), der sagte: »Der menschliche Geist kann über die Vernunft zur Wahrheit der Religion vorstoßen.« Ihre drei Credos sind: erstens, sich den Mut erarbeiten, zu denken; zweitens, die Dinge so sehen, wie sie sind; drittens, die Freiheit des Geistes verwirklichen, indem man gegen Vorurteile kämpft und sich nur der Wahrheit unterwirft. Ein weiterer Reformer wird sich auf diese beiden Denker beziehen: der Syrer Raschid Rida (1865–1935). Doch als er sich in Saudi-Arabien niederließ, wurde er von den Thesen von Mohammed Abdel Wahhab beeinflusst, der einen reinen harten Islam mit strikter Anwendung der Scharia vertrat; das ist heute der Wahhabismus, das Dogma der Golfstaaten. Im 20. Jahrhundert, in den neunziger Jahren, hat der ägyptische Schriftsteller Nasr Hamid Abu Zaid (1943–2010) das Werk *Kritik des religiösen Diskurses* veröffentlicht, in dem er eine kritische Lektüre, das heißt eine philosophische Auslegung des Koran, darlegt (deutsche Ausgabe: *Islam und Politik. Kritik des religiösen Diskurses*, Frankfurt a. M. 1996). Er wurde der Universität verwiesen, von den Theologen der al-Azhar als Apostat gebrandmarkt, das heißt aus dem Islam ausgeschlossen, aus dem islamischen Haus verjagt, exkommuniziert, zur Jagd und sogar zur Ermordung freigegeben; sie haben ihn von seiner Ehefrau getrennt (ein Apostat kann keine Muslimin heiraten) und diese zur Scheidung gezwungen, sonst wäre sie zu seiner Komplizin erklärt und auch ausgestoßen worden. Dem Paar gelang die Flucht; sie fanden in den Niederlanden Exil, wo er an Krankheit starb, aber auch an Zorn und Kummer. In der Vergangenheit hat es einige berühmte freie Denker gegeben, von denen manche zum Tode verurteilt und hingerichtet worden sind.

Wie wird man zum Dschihadisten?

Zuerst erkläre ich dir die wesentliche Bedeutung des Dschihad im Koran: Es geht darum, »möglichst große Anstrengungen zu unternehmen«, um sich selbst zu überwinden; der Dschihad ist Widerstand gegen die negativen Versuchungen, er ist eine spirituelle Suche. Erst später in der Geschichte wurde der Dschihad zum Synonym von Eroberung, zum Zeitpunkt der Grenzkriege zwischen der muslimischen und byzantinischen

Welt. Seither hat man zu diesem Konzept nur den kriegerischen, offensiven Aspekt behalten.

Und wie wird man heute zum Anhänger dieses kriegerischen Dschihad?

Man muss nur verfügbar sein, keine Arbeit haben oder eine nicht sehr zufriedenstellende, keine Kultur, keine Bildung, keine strukturierte Familie, und dann reicht eine Begegnung … So wurden die Kouachi-Brüder rekrutiert, die nach dem Morden schrien: »Wir haben den Propheten gerächt!« Manchmal wählen junge Menschen, die weder gläubig noch militant sind, den Dschihad aus Abenteuerlust und des Geldes wegen. In Syrien und im Irak gibt es Söldner unter den Dschihadisten.

Doch gibt es hinter alldem einen Chef, eine Art Boss, der alles entscheidet?

Seitdem sich al-Baghdadi zum Kalifen ausrief und verkündete, dass er das Territorium der Terrororganisation Islamischer Staat (IS) auf die ganze Welt ausdehnen wolle, wissen wir, dass es eine gut organisierte Überstruktur gibt, die viel mit sozialen Netzwerken und neuen Informationstechnologien arbeitet. Die meisten Offiziere, die unter al-Baghdadi Krieg führen, sind Ehemalige aus der Armee von Saddam Hussein. Dieser Islamische Staat, der bis Juni 2014 unter dem Namen ISIS (Islamischer Staat in Syrien und Irak) bekannt war, wurde von verschiedenen Staaten und Privatpersonen finanziert. Als der IS in den Irak vordrang, räumten die Terroristen alle Banken aus und begannen, Erdöl auf dem Schwarzmarkt zu verkaufen. Diese Leute sind reich und sehr gut bewaffnet, es sind keine

Amateure. Auf der ideologischen Ebene heißt ihr Theoretiker Abu Mussab al-Suri. Er hat nicht nur den Islamischen Staat erdacht, sondern auch die Strategien, um junge Europäer zu rekrutieren, seien sie muslimischer Herkunft oder auch Konvertiten. So gab es Ende 2014 ungefähr 5000 europäische Dschihadkämpfer in Syrien und im Irak. Diese Soldaten werden ausgebildet und in den Kampf geschickt; manche, die nicht hineinpassen, oder auch solche, die sich verdient gemacht haben, werden in ihr Ursprungsland zurückgeschickt, um dort Schläferzellen zu bilden, die aktiv werden, sobald sie den Befehl bekommen, Anschläge zu verüben. Sie sind keine Söldner, die gegen Bezahlung kämpfen, sie sind stumme Soldaten, die überzeugt sind, eine religiöse Pflicht zu erfüllen, die sie ins Paradies führen wird.

Papa, dieser ganze Krieg wird im Namen des Islam geführt! Und du meinst, die Leute sollen keine Angst haben?

Wir haben alle Angst, denn wir haben mit Kämpfern zu tun, die fanatisiert sind und keinen Unterschied machen zwischen dem Schlachten eines Schafs zum Fest des Fastenbrechens und dem Durchschneiden der Gurgel einer Geisel. Natürlich haben wir Angst. Doch wie können wir den Menschen beweisen, dass das nicht der Islam ist?

Auch ich versuche zu sagen, dass das nicht der Islam ist, doch ich spüre, dass ich die Leute nicht überzeuge.

Seit dem 11. September sind viele Muslime überzeugt, dass sie zu den neuen Feinden Amerikas geworden sind. Auf jeden Fall hat George W. Bush dieses Ereignis genutzt, um den Hass auf beiden Seiten zu schüren. Er glaubte buchstäblich an den

»Kampf der Kulturen«, den Huntington den »Zusammenprall der Zivilisationen« nannte. Daher hat er sofort eine Fülle von Gesetzen durchgesetzt, die ihm ermöglichten, jede verdächtige Person gefangen zu nehmen, sie nach Guantánamo zu schicken, sie in verbündeten und befreundeten Ländern durch die CIA foltern zu lassen. Er hat im Namen des Krieges gegen den Terrorismus die Freiheiten beschnitten, zugleich bekämpfte er zuallererst den Islam und die Muslime.

Vorher, während des Kalten Krieges, hatte Amerika einen Feind, das war die Sowjetunion, der Kommunismus. Seit dem Fall der Berliner Mauer und dem Zusammenbruch der Sowjetunion sieht es so aus, als suchten die Amerikaner nach einem Feind, der sie beschäftigen könnte. Nunmehr haben sie ihn gefunden, dank der spektakulären Aktionen von al-Qaida, auch dank der Taliban, die sie nicht besiegen konnten. Der Islam ist zum Synonym für Grausamkeit, Rückschritt und Barbarei geworden. Es fällt schwer, den Islam von diesen Bildern des Grauens zu trennen, von diesen Videos, auf denen man Barbaren den Kopf einer westlichen Geisel abschlagen sieht. All das besudelt den Islam und seine Werte. Mehr denn je müssen sich die muslimischen Länder mobilisieren, um diese barbarischen Taten zu verurteilen.

Es reicht nicht zu verurteilen; man müsste auch handeln …

Aber die westlichen Länder sind scheinheilig. Sie wissen, dass in Saudi-Arabien die Starre des Wahhabismus herrscht. Die Frauen haben so gut wie keine Rechte. Sie dürfen nicht einmal Auto fahren. Der Fall des Bloggers Raif Badawi, der für seine Kritik an der saudischen Politik zu tausend Stockhieben verurteilt wurde, ist nur ein Beispiel für die rigorose Unterdrückung freier Meinungsäußerung. Doch wenn es darum geht, Geschäfte zu machen, schließen die europäischen Verantwortlichen die Augen vor diesen skandalösen Seiten.

Die europäischen Länder haben Tausende Einwanderer aus den muslimischen Ländern aufgenommen. Wie kann man Seite an Seite mit ihnen leben?

Die Frage stellt sich nicht für die Einwanderer, die seit langem in Europa leben, sie arbeiten, zahlen Steuern und verhalten sich sehr unauffällig. Dennoch, wie ich dir gesagt habe, schockiert es sie, wenn eine Zeitung Karikaturen des Propheten veröffentlicht. Für sie ist er eine heilige Persönlichkeit. Ihn in einer Karikatur darzustellen ist für alle Gläubigen unannehmbar. Es ist ein Angriff auf ihr Ideal. Es ist unerträglich, deshalb kann man von ihnen nicht verlangen, dass sie auch noch Menschen aus der westlichen Welt zustimmen, wenn sie die Religionen lächerlich machen.

Das Problem ist erst aufgetaucht mit dem Aufkommen der sogenannten zweiten Generation, also der Generation ihrer Kinder. Sie sind in Europa geboren und haben europäische Pässe. Sie sind in einer kulturellen Leere aufgewachsen. Oft waren ihre Eltern überfordert und ließen ihren Kindern jede Freiheit. Die Wohnverhältnisse in den ungesunden, vergifteten Vororten taten ein Übriges. Die Arbeitslosenquote dort beträgt in Frankreich 45 Prozent, das ist zum Verzweifeln, denn im nationalen Durchschnitt sind es nur 10 Prozent. Manche fühlen sich nicht als vollwertige Franzosen, haben sich von Frankreich abgewandt und im Islam mehr als Trost, mehr als eine Antwort auf ihre Existenzängste gefunden, eine Identität. Von da aus verläuft sich alles im Labyrinth, das mit der Kleinkriminalität anfängt, im Gefängnis weitergeht und dort durch die Rattenfänger vollendet wird, die sie indoktrinieren, ihnen eine strahlende Zukunft vorgaukeln im Kampf gegen jenen Westen, der sie verachtet oder ignoriert. Wenn sie dann aus dem Gefängnis kommen, sind manche von ihnen verfügbar, um den Kampf gegen die »Ungläubigen« zu führen.

Papa, ist der Islam, nicht seine katastrophalen Auswüchse, nicht der Islamismus, der Fundamentalismus, sondern der gesunde Islam, ist er kompatibel mit Demokratie und damit auch mit Laizität?

Eigentlich schon, aber weil immer mehr Muslime friedlich mit den anderen Gemeinschaften in Frankreich zusammenleben, tun einige ihrer erzürnten Kinder und darüber die Führer des IS, die ihren »Staat« in der Welt errichten wollen, alles, um Probleme zu schaffen und diese Muslime in Konflikt mit der französischen Gesellschaft zu bringen. Wenn wir konkret beweisen können, dass man praktizierender Muslim sein und zugleich friedlich mit den anderen zusammenleben kann, können wir mit Fug und Recht sagen, dass Islam und Demokratie kompatibel sind. Im Allgemeinen jedoch akzeptieren Muslime das System der Laizität nicht. Denn für sie ist der Islam alles, eine Religion, eine Moral, eine Weltanschauung, eine tägliche Praxis … Der Gläubige kann sich nicht vorstellen, dass ein muslimisches Land die Moschee vom Staat trennen könnte. Das ist nicht unmöglich, aber außer der Türkei hat noch kein Staat, dessen Religion der Islam ist, Laizität gewagt.

Papa, manche Leute fragen sich, welche Fehler oder Irrtümer der Westen den Muslimen gegenüber begangen hat.

Ich denke, die Fehler und Irrtümer liegen in der Geschichte, zur Zeit der Kolonisierung. Beispielsweise schmerzen die Erinnerungen der Algerier und Franzosen weiterhin. Die Wunden sind noch offen. Es hat zu viel Gewalt, zu viel Verachtung und Erniedrigung gegeben. Die Beziehungen sind noch nicht befriedet. Nach der Unabhängigkeit hat Frankreich starke Einwanderungsbewegungen gewollt und ermutigt. Man kann nicht behaupten, die muslimischen Einwanderer aus Nord- oder Schwarzafrika hätten in Frankreich ein Paradies gefunden. Wir wissen, wie viel Leid, wie viele Opfer und Missverständnisse zwischen Frankreich und seinen Einwanderern entstanden sind. In Afrika südlich der Sahara haben die krummen Geschäfte jeder Art der sogenannten Françafrique – das heißt der Verflechtung von Politik und Wirtschaft in Bezug auf die Ausbeutung frankophoner afrikanischer Länder – sowie die Arroganz der offen von Frankreich unterstützten und hofierten Diktatoren zu starken antifranzösischen Gefühlen in allen Schichten der Gesellschaft geführt, selbst bei jenen, die alles tun, um nach Europa zu gelangen, insbesondere nach Frankreich, auch wenn sie dafür ihr Leben aufs Spiel setzen müssen; sie wollen ein würdiges Leben für sich selbst und bessere Unterstützung für ihre Familien zu Hause erringen. Über diese Lage können auch die herzlichen Dankesbezeugungen nach der Intervention Frankreichs in Mali nicht hinwegtäuschen, die nur ein vorübergehendes Phänomen sind, das die grundlegende Tendenz nicht verändert.

Vor dem Aufkommen des religiösen Integrismus – gegen Ende der siebziger Jahre – gab es im Westen große Akademiker, die sich auf den Islam und die arabische Welt spezialisiert hatten, Orientalisten, die diese Religion und die ihr anhängenden Bevölkerungen studierten, mit Intelligenz, Empathie und Wohlwollen. Ich zitiere nur die in Hinblick auf Frankreich bekanntesten: Jacques Berque, Maxime Rodinson, Vincent Monteil, Louis Massignon (ein großer Spezialist des mystischen Dichters al-Halladsch), André Miquel (Übersetzer von *Tau-*

sendundeine Nacht), Régis Blachère und der Dichter Jean Grosjean (Übersetzer des Koran), Henri Corbin (Spezialist des Schiitentums) etc. Diese Denker haben frei von jedem Vorurteil gearbeitet. Heute sind sie durch Journalisten ersetzt worden. Einige sind gute Beobachter, doch die Sympathie der früheren Orientalisten ist verschwunden.

In den Augen vieler Muslime besteht der wesentliche Fehler des Westens darin, dass er eine Politik von zweierlei Maß im Konflikt zwischen Israel und Palästina anwendet. Zu Unrecht oder zu Recht, die Einwanderer und insbesondere ihre Kinder (im Land geborene Franzosen) verspüren jedes Mal hilflose Wut, wenn die europäischen Länder systematisch Israel verteidigen. Das ist eine Tatsache. Sie erleben es als Unrecht. Erinnere dich an die Erklärung von François Hollande am ersten Tag des Krieges gegen Gaza im Juli 2014 (»das Recht Israels auf Selbstverteidigung ...«). Kein einziges Wort des Verständnisses gegenüber den Palästinensern, keine Erwähnung der zivilen Opfer bei den Palästinensern. Dieser Fehler wurde in den sozialen Netzen weit verbreitet. Auch wenn der Elysée-Palast danach ein Kommuniqué veröffentlicht hat, das das Gleichgewicht wiederherstellen sollte, die muslimische Gemeinschaft in Frankreich hat diesen Vorfall in negativer Erinnerung. Die französischen Behörden sind extrem aufmerksam, was die jüdische Gemeinschaft betrifft (die 600 000 Juden umfasst), denn der Antisemitismus ist noch nicht entwaffnet und breitet sich weiter aus, doch sie sind sich nicht darüber im Klaren, dass die französischen Muslime von allem, was in Palästina geschieht, sehr betroffen sind. Das nicht zu erkennen bedeutet, den Graben zwischen den nordafrikanischen Einwanderern und Frankreich zu vertiefen.

Dennoch, damit lassen sich keinesfalls die Gräueltaten der Merah, Kouachi und Coulibaly rechtfertigen, die Zeichner und jüdische Kinder im Namen des Islam ermordet haben, im Falle von Merah im Namen Palästinas.

Ich muss auch an einen anderen Punkt erinnern: Der Algerienkrieg hat Spuren hinterlassen, die noch nicht geheilt sind. Die Erinnerung ist auf beiden Seiten schmerzhaft. Die Brüder Kouachi, Merah, Coulibaly und andere sind ansteckende Bakterien, die um diese Wunden herumirren.

Eine andere Frage: Sind Muslime rassistisch oder nur Opfer des Rassismus der anderen?

Wieso sollten die Muslime wie durch ein Wunder der Plage des Rassismus entkommen, die die ganze Menschheit befallen hat? Sie sind Rassisten wie alle anderen auch. Auch sie wollen sich nicht mit den anderen, die nicht zu ihrer Kultur gehören, vermischen, mit denen, die eine andere Religion haben oder keine, Agnostikern oder Atheisten. Das Misstrauen ist allgegenwärtig. Auch wenn man ein Opfer des Rassismus ist, wird man dadurch nicht immun gegen den Rassismus.

Da es immer mehr Muslime in der Welt gibt (man spricht von 1,3 Milliarden), denkst du, sie werden die Welt beherrschen?

Ich weiß, dass Religion wichtig ist, und unser Jahrhundert wird von den Fragen des Islam beherrscht. Der Katholizismus befindet sich auf dem Rückzug. Junge Christen entscheiden sich immer seltener für eine Berufung als Priester. In Afrika jedoch haben die aus Nordamerika stammenden fundamentalistischen Erweckungskirchen großen Zulauf unter den Armen. Die Gefahr ist real, dass die Fundamentalisten siegen werden. Sie zermalmen die Moderaten beider Religionen, bekämpfen jede Art kritischen Denkens, jede Vernunft und verbreiten Angst und

Schrecken. Ich habe einen Hang dazu, die Bedeutung der Religion in der Welt kleinzureden. Doch zugleich führt der IS Krieg gegen die Welt im Namen des Islam.

Wann wird endlich Schluss sein mit der sogenannten Islamophobie?

Die Angst vor dem Islam existiert, und manchmal ist sie undifferenziert und ohne Klarsicht. Sie entspricht dem Rassismus. In ihrer Gesamtheit sind die Einwanderer eine Bedrohung für niemanden. Einige unter ihnen haben versucht, insbesondere ihren Ehefrauen und Töchtern einen starren Lebensstil aufzuzwingen: Verschleierung von Kopf bis Fuß, das Tragen der Burka, kein Besuch öffentlicher Orte, an denen Männer und Frauen zusammenkommen, etc. Die Spannungen, die heute die islamische Welt erschüttern, beruhen auf der Situation der Frau. Alles dreht sich um den Körper der Frau. Im Grunde ist es ein ungelöstes Sexualproblem. Der Frauenkörper steht im Zentrum all dieser Haltungen: Deshalb muss dieser Körper verhüllt werden, es muss verhindert werden, dass er frei ist, er darf nicht gezeigt werden, darf keine Möglichkeit haben, sich zu bewegen und frei zu leben. Das ist eine Frage der Angst. Über diesen psychologischen und sogar psychoanalytischen Aspekt hinaus – der den Westen, aber auch offene, intelligente Muslime schockiert –, halte ich persönlich Bin Laden und seine Mitstreiter, die Terror in der Welt verbreitet haben, für die hauptsächlich Verantwortlichen der Islamophobie in der Welt. Heute haben diese Rolle das System des IS und seine Söldner übernommen. Das bestätigt auch der große Professor Henry Laurens, der am Collège de France den Lehrstuhl für Gegenwartsgeschichte der arabischen und muslimischen Welt innehat: »Ich denke, die erste Ursache für Islamophobie liegt bei manchen

Muslimen, die Hass verbreiten, was sich vom klassischen Antisemitismus unterscheidet, der keine Reaktion auf eine Haltung oder eine Aktion war. Ich ziehe es daher vor, den Begriff Rassismus nicht zu verwenden, denn er bezieht sich auf biologische Grundlagen, und zugleich sagen wir ja, es gibt keine Rassen. Ich ziehe den angelsächsischen Begriff *hate crime* vor, der so viel bedeutet wie ›Verbrechen aus Hass‹« (*Le Figaro*, 15. Januar 2015).

Wie kann man gegen dieses »Verbrechen aus Hass« kämpfen?

Zu großen Teilen liegt es an den Muslimen, die ihre Lebensweise im Westen ändern müssen. Wir können durch Bildung und Kultur gegen dieses Bild des Angst machenden Islam kämpfen. Wenn man den Koran klug liest, merkt man, dass es ein Text großer Schönheit voll Poesie und Humanismus ist. Doch sobald man die Brille des Buchstäblichen aufsetzt, wenn man den Text auf zerfleddernde Weise interpretiert, kann man herauslesen, was man will. Im Übrigen hat der Westen gar kein Bedürfnis, den Islam, seine Kultur und seine Zivilisation besser kennenzulernen. Er begnügt sich mit den Gewalttaten im Rahmen eines Krieges zwischen zwei Weltanschauungen. Wir können die Islamophobie nur bekämpfen, wenn wir die Ignoranz auf beiden Seiten angehen. Es gibt keinen Kampf der Kulturen, es gibt nur einen Kampf der Ignoranzen, und dieser Kampf ist furchtbar, denn er produziert Unglück, Kriege und Rassismus.

Den Koran lesen

Papa, bitte erkläre mir den Unterschied zwischen Islam und Islamismus, denn zurzeit höre ich in den Medien viel über den Islamismus im Zusammenhang mit den Leuten, die die Redaktion von Charlie Hebdo umgebracht haben. Zwölf Tote, hingerichtet von zwei bis an die Zähne bewaffneten Männern, die sehr entschlossen vorgingen und behaupten, »den Propheten gerächt« zu haben.

Der Islamismus ist ein Ableger des Islam im Sinne einer Abweichung, seine Anhänger machen aus dem Islam nicht länger eine Friedensreligion, sondern eine Ideologie, die Terror verbreitet. Der Islamismus sieht sich auch als Fundamentalismus, das heißt als Rückkehr zum Islam der Anfänge, zum Islam des siebten Jahrhunderts, Rückkehr zu den Grundlagen, die gemäß einer engen, kleinkarierten und vor allem falschen Vorstellung von der Botschaft des Propheten Mohammeds ausgelegt werden. Er wird auch Integrismus genannt, das bedeutet Rückzug auf sich selbst, blinder Gehorsam gegenüber Prinzipien, die keinerlei Diskussion zulassen, keinerlei anderen Standpunkt, keinerlei andere Interpretation der Heiligen Schrift.

Glaubst du denn, diese Leute, die Unschuldige töten, haben den Koran gelesen?

Ich denke, selbst wenn sie ihn gelesen haben sollten, haben sie ihn nicht verstanden oder sie wissen genau, dass die Botschaft Gottes und des Propheten uns verbietet zu töten, aber tun so, als gehorchten sie vom Himmel gefallenen Befehlen, dabei kommen diese Befehle aus terroristischen Zellen von al-Qaida im Jemen oder Pakistan. Vielleicht sind diese Leute naiv, doch sie haben so viele Frustrationen gespeichert, so viel blinden Hass gegen jeden und alles, dass sie mit erschreckender Leichtigkeit zur Tat schreiten. Die Ignoranz und die Anziehungskraft der Medien, über die man berühmt werden kann, motivieren sie und führen sie dazu, nicht wiedergutzumachende Verbrechen zu begehen.

Aber sie sind doch nicht alle arm und ignorant, wir haben Terroristen gesehen, die Universitätsabschlüsse haben und zur guten Gesellschaft gehören.

Ja, diejenigen handeln aus Überzeugung oder aus dem Willen heraus, die Welt zu beherrschen. Doch wie auch immer, wer die muslimische Religion mit ihren kriminellen Taten vermengt, begeht damit einen furchtbaren Angriff gegen den Islam.

Aber Papa, glaubst du denn nicht, dass der Islam die Saat dieser Gewalt beinhaltet?

Alle Religionen haben zu Gewalt und Krieg gegriffen, um sich durchzusetzen oder zu verteidigen. Doch kein einziger Vers des Koran erlaubt den vorsätzlichen Mord unschuldiger Menschen. Das alles beruht auf der Interpretation der Koranlektüre und auf dem Hadith (den Aussprüchen des Propheten).

Hat der Dschihadismus einen theologischen Inhalt?

Der Dschihad im kriegerischen Sinne spielt im Koran zwar nur eine Nebenrolle, aber er ist ein Element des Islam zu seinen Anfängen. Man muss daran erinnern, dass der Prophet Mohammed zu Anfang von den Stämmen aus Mekka bekämpft wurde, die ihm nicht nur nicht glaubten, sondern auch seinen Tod wollten. Er musste sich verteidigen. Als er nach Medina auswanderte, lag das im Wesentlichen daran, dass er von Nichtgläubigen oder Polytheisten bedroht wurde. In diesem Sinn ist der bewaffnete Dschihad dem Islam nicht fremd (das bezeugen auch Verse und Hadithe). Doch es handelt sich um Umstände, die von einer konkreten Zeit und einem geopolitischen Umfeld definiert wurden, denen des siebten Jahrhunderts.

Heute ist der Dschihad ein finanzielles und politisches Kampf-unternehmen gegen den Islam der Aufklärung, anders gesagt, den Islam, der der Modernität anhängt, insbesondere auch der Frau ihre Rechte zugesteht und den demokratischen Staat akzeptiert im Sinne einer Koexistenz mit den anderen Nationen der Welt. Es ist auch ein Kampf gegen die westliche Welt als Ganzes, die nach der Kolonisierung Einwanderer angezogen hat, um sie auszubeuten, etc.

Warum begeistert und fasziniert der Dschihadismus so viele junge Europäer, seien es Konvertierte oder Nachkommen muslimischer Einwanderer? Er füllt eine Lücke. Nach dem Fall der Sowjetunion, dem Niedergang der sozialistischen Systeme in der arabisch-muslimischen Welt, auch dem Scheitern der nationalen Bewegungen im Sinne Nassers, nach der iranischen Revolution, die behauptet, eine islamische Revolution sei möglich, ist der Dschihadismus als »Ideal« und neue »Bestimmung« der Muslime aufgetaucht, deren Rolle darin besteht, den Islam zu ehren, indem sie ihn überall verbreiten. Aus dem Kontext gerissene Verse werden benutzt, um Kämpfer zu rekrutieren.

Wie überzeugt der Dschihadismus seine Anhänger?

Indem er auf die heutige Welt ein Fantasiebild des Islam des siebten Jahrhunderts projiziert.

Wie kann man diese Abwege bekämpfen?

Indem man daran erinnert, dass die Koranverse unter bestimmten historischen Bedingungen offenbart wurden. Man muss die Verse mit den Umständen verbinden, unter denen sie erschienen sind. Gottes Wort hat einen Bezug zur Zeit. Diese Zeit ist das siebte Jahrhundert. Andere Verse haben allgemeingültige, ewige Bedeutung, wie alle grundlegenden Werte, die die monotheistischen Religionen verteidigen. Gottes Wort ist kein Monolog, sondern ein Austausch zwischen Himmel und Erde.

Papa, welches Buch liest du da?

Den Koran.

Aber den hast du doch schon mehrmals gelesen.

Ja, aber es ist ein so reichhaltiges Buch, dass man es mehrmals lesen muss.

Hast du dieses Buch nicht als Kind auswendig gelernt?

Ja, meine Tochter, wie alle Kinder meiner Generation wurde ich zur Koranschule geschickt, die in der Moschee unseres Viertels stattfand; ein alter Mann ließ uns Vers um Vers wiederholen.

Und daran kannst du dich noch erinnern?

Ja, ich habe ein gutes Gedächtnis, doch damals lernte ich die Suren, das heißt die Kapitel des Koran, auswendig, ohne den Sinn zu verstehen. Der alte Mann hat uns den Koran nicht erklärt; seine Rolle bestand darin, uns zu zwingen, die Verse auswendig zu lernen, jeden Tag, und am nächsten Tag mussten wir sie aufsagen.

Und das hast du geschafft?

Die Angst! Meine Tochter, die Angst ließ mir keine Wahl.

Sonst?

Sonst bekam man Stockschläge auf die Fußsohlen. Das war nicht lustig.

Ich muss lachen, denn ich stelle mir dich mit den Füßen in der Luft vor …

Nun gut, mein Gedächtnis hat jedenfalls alles gespeichert.

Warum liest du das Buch dann noch mal?

Weil es mehrere Arten gibt, es zu lesen; ich versuche mich gerade an einer neuen Methode.

Wie das?

Siehst du, meine Tochter, der Koran ist die heilige Schrift der Muslime, wie die Bibel für die Christen und die Thora für die Juden. Jede Religion hat ihre Referenzschrift. Doch du sollst wissen, die drei Bücher haben Gemeinsamkeiten. Es geht im Wesentlichen darum, jene Texte zu lesen, deren Bedeutung allgemeingültig und ewig ist. Es geht darum, auf kluge Weise zu lesen.

Erkläre mir deine Methode.

Dafür halte ich dir einen kleinen geschichtlichen Vortrag. Du weißt, der Koran ist die Gesamtheit der Botschaften, die der Prophet Mohammed über den Engel Gabriel von Allah erhalten hatte. Dieser war von Gott zu seinem Boten für die arabischen Stämme ausgewählt worden, die damals Steinidole

anbeteten. Das geschah im Jahr 622 der christlichen Zeitrech-
nung.

*Ja, aber warum sagst du, es gebe mehrere Arten, den Koran zu
lesen?*

Weil manche Leute damals den Text auf symbolische und
metaphorische Art ausgelegt haben …

Entschuldigung, ich unterbreche dich, was bedeutet metaphorisch?

Eine Metapher ist ein Bild, das uns hilft, den versteckten Sinn
eines Gedankens zu erkennen.

Gibt mir ein Beispiel …

Ich gebe dir ein Rätsel auf: Welches Tier geht morgens auf vier
Beinen, hält sich mittags aufrecht und steht abends auf drei
Beinen?

Das weiß ich nicht.

Es ist der Mensch! Wenn man das Leben des Menschen wie
einen Tag betrachtet, ist der Morgen der Beginn, der Mittag
das erwachsene Alter und der Abend das Greisenalter, wenn
er einen Stock braucht, um sich zu bewegen. Es ist eine Metapher, eine Art Vergleich, der die Dinge in Bildern ausdrückt,
damit man den Sinn besser versteht.

Ich habe verstanden.

Ich kehre zum Koran zurück; man muss ihn klug lesen, das

heißt man darf die Sätze nicht buchstäblich nehmen. Man muss nach dem Sinn suchen, der hinter dem Text steckt.

Um Metaphern zu interpretieren, muss man ganz schön klug sein.

Nein, man muss nur verstehen, dass Gott durch Symbole und Bilder zu uns spricht und dass diese Symbole und Bilder nicht im realistischen Sinne gemeint sind ...

Was bedeutet hier realistisch?

Das bedeutet, man bildet genau ab, was man sieht, man fotografiert die Realität, wie sie uns erscheint. Doch wenn ich zum Beispiel sage, der Mann hat den Kopf verloren, bedeutet das nicht, dass er geköpft wurde, sondern dass er den Verstand verloren hat. Das ist wieder eine Metapher. Wenn zum Beispiel Gott von Menschen spricht, die nicht an ihn glauben, und sagt »Sie haben sich verirrt«, dann sind sie auf Abwege gekommen, verstehst du? Wenn er sagt: »die Hand Gottes«, bedeutet das nicht, dass es sich um eine Hand aus Fleisch und Blut handelt, es ist ein Bild, ein immaterieller Geist.

Ja, ich verstehe.

Es hat Kämpfe gegeben zwischen denen, die den Koran buchstäblich lasen, das heißt alles realistisch betrachteten, und jenen, die forderten, dasss man ihn liest, um den Sinn des Textes zu finden, der Vernunft zu vertrauen. Anders gesagt, es gab jene, die das Wort Gottes nicht interpretieren wollten, und jene, die auf die menschliche Intelligenz und die Freiheit vertrauten. Bis heute finden sich diese beiden Haltungen wieder:

jene der Fanatiker, die nicht diskutieren wollen und nicht akzeptieren, dass man anders denkt als sie, und dann jene, die an die Freiheit des Menschen glauben und an seine Intelligenz; sie fordern eine Debatte über diese Ideen, doch die anderen behandeln sie wie Ungläubige und verfolgen sie.

Gut, ich weiß, du hast mir schon vom Integrismus, vom Fundamentalismus erzählt und von jenen, die Gottes Wort schlecht interpretieren. Doch warum unterstellt man dem Koran Worte, die er nicht sagt?

Als der Prophet Mohammed am 8. Juni 632 starb, hinterließ er keine Anweisungen zu den Versen, die der Engel Gabriel ihm übermittelt hatte. Seine Gefährten konnten sie auswendig, manche hatten sie niedergeschrieben. Der Koran als Korpus, als *Mushaf*, existierte noch nicht. Erst mehr als zwanzig Jahre später setzte Uthman, der dritte Kalif, eine Kommission aus sechs qualifizierten Gefährten ein, die einen vereinheitlichten Text vorschlagen sollte.

Also gab es über zwanzig Jahre lang keinen Koran?

Der Koran lebte in den Gedächtnissen, in den Herzen, doch es gab ihn nicht als Korpus, als Buch. Ich erzähle dir, wie die Dinge verlaufen sind: Die Suren (Kapitel) wurden ohne Vokale niedergeschrieben. Erst zwei Jahrhunderte später wurde der Öffentlichkeit eine Version mit Vokalen zugänglich gemacht. Von diesem Augenblick an bekämpften sich zwei Weltanschauungen vermittels der Lektüre des Koran. Die Ersten waren die Theologen der Mu'tazila-Bewegung; sie waren Rationalisten, die den Text symbolisch und metaphorisch lasen. Für sie ist der göttliche Wille vernünftig und gerecht; die Menschen können seinen Sinn begreifen und ihre Handlungen danach ausrichten, anders gesagt, der Koran ist von Menschen geschaffen. Im Übrigen studierten Philosophen wie al-Kindi, al-Farabi, Avicenna und Averroës die Natur an sich und nicht die Natur als Zeugnis der göttlichen Allmacht. Diesen Strömungen, die man heute als modern bezeichnen würde, standen die Traditionalisten entgegen, für die der Koran nicht nur nicht vom Menschen geschaffen ist, sondern auch buchstäblich gelesen werden muss, ohne jegliche Distanz oder Interpretation. Der Gründer dieser Schule heißt ibn Hanbal. Er erkennt den freien Willen des Menschen nicht an. Für ihn befindet sich die göttliche Allmacht außerhalb der Tragweite der menschlichen Vernunft. Diese letztere Strömung obsiegte und mündete mehrere Jahrhunderte später in das, was man heute Integrismus oder Fundamentalismus nennt; vertreten durch Ibn Taimiya (14. Jahrhundert), und im 18. Jahrhundert dann Muhammad ibn Abd al-Wahhab, der aus dem Islam ein reines hartes Dogma machte, das heute in Saudi-Arabien und Katar sein Unwesen treibt. Strikte Anwendung der Scharia. Fanatismus und Obskurantismus. Kurz, eine rückschrittliche Weltanschauung, die sich der Aufklärung entgegenstellt, welche die ersten Jahrhunderte des Islam erleuchtete. Wenn die Verse nicht auf Zeit und Raum zurückgeführt werden können, ist keinerlei Intelligenz anwendbar. Es ist die Niederlage der Vernunft gegenüber dem Dogma vom Wort Gottes, das Gott selbst wesensgleich ist.

Wenn man aber den Koran genau liest, entdeckt man, dass darin das Gegenteil entwickelt wird. Mehrere Verse werden in einen konkreten Kontext eingebettet, sie regeln oder kommentieren Situationen, die sich zu einer bestimmten Zeit abspielten. Andere Verse haben eine Tragweite, die über den zeitlichen Rahmen hinausgeht. Wenn man das heute sagt, wird es von den Obskurantisten als Provokation angesehen, die sie nicht zulassen können, denn sie könnte ihr Geschäftsmodell in Frage stellen, das die Massen verdummt und zu einem entarteten Islam drängt, der sein Wesen und seinen Sinn verloren hat.

Es ist schwer, gegen den Fanatismus zu kämpfen. Jeder Dialog ist unmöglich. Gerade im Moment sehen wir das in Ägypten und in Tunesien, wo die modernistische Strömung, das heißt die Laizisten, die sich für ein wirkliches demokratisches System einsetzen, zu kämpfen haben mit den Salafisten, die jegliche Diskussion verweigern. Die Niederlage der Vernunft ist auch die des Humanismus, der im Koran festgeschrieben ist. Natürlich siegt die Ignoranz öfter über das Wissen. Der Begriff der Unverjährbarkeit des Koran hat eine Starre hervorgebracht, die im Widerspruch steht zur Aufforderung, sich Wissen anzueignen, wie sie in mehreren Versen dargelegt ist. Der Autor Mahmoud Hussein fasst das Problem in seinem Werk *Penser le Coran* (»Den Koran denken«, Paris 2009) folgendermaßen zusammen: »Das reformistische Denken ist eine Schule der Freiheit und der Verantwortlichkeit, es zeigt nämlich auf, dass der Islam zugleich göttliche Botschaft und menschliche Geschichte ist, denn es führt die Dimension der Zeit dort wieder ein, wo die Tradition nur Ewigkeit sehen will, denn es legt die lebendige Wahrheit der Offenbarung frei unter den Interpretationen, die sie auf immer erstarren lassen wollen. Dieses Denken gibt jedem Gläubigen die Chance, seinen Glauben an Gott mit seinem Verständnis der Welt zu artikulieren.«

Das Wort Gottes zu seinem Ursprung, zu seinem Kontext zurückzuführen bedeutet nicht, es zu entstellen. Doch solange das Wissen ausgegrenzt und ersetzt wird durch willkürliche unbegründete Fatwas, bleibt der Islam eine Geisel, gefangen zwischen Ignoranz und ideologischem Opportunismus. Dank der Bücher von Mahmoud Hussein ist eine Debatte möglich;

das ist notwendig und sogar dringlich in diesen Zeiten der Verwirrung, in denen die Islamophobie jeden Tag Fortschritte macht und Verwüstungen im Bewusstsein und in den Köpfen bewirkt. Wenn wir diese Debatte verweigern, ist die Zukunft unserer Religion umso mehr kompromittiert. Mahmoud Hussein endet folgendermaßen: »Wer derart auf ein frei entwickeltes persönliches Verständnis des Universum verzichtet, das der Koran ihm bietet, verstümmelt einen intimen Teil seiner Identität, seines Selbstvertrauens. Das führt zu einer Tendenz, sich auf sich selbst zurückzuziehen und sich vom Rest der Welt abzuschotten, statt sich mit den anderen Komponenten der Menschheit in das Abenteuer eines gemeinsames Schicksals zu stürzen.«

Ich werde dir eine einfache, doch für mich grundsätzliche Frage stellen. Auf welchen grundlegenden Prinzipien beruht der Islam?

Ich könnte dir antworten, ohne in den Texten nachzusehen. Das ist wichtig, denn du musst wissen, auf welche Weise der Islam als letzte Offenbarungsreligion eine Religion des Friedens und der Toleranz ist, denn ihr Name »Islam« hat dieselbe Wurzel wie das Wort »Frieden« im Arabischen und in mehreren anderen Sprachen. Das erste Prinzip: an einen einzigen allmächtigen Gott glauben. Um Muslim zu werden, bezeugt man, »dass es nur einen Gott gibt und dass Mohammed sein Prophet ist«. Zweites Prinzip: bis in die letzte Einzelheit die fünf Säulen des Islam befolgen, die da sind: fünf tägliche Gebete, die sich nach der Sonne richten; den Ramadan achten, das heißt während eines Monats von 29 oder 30 Tagen von Sonnenaufgang bis Sonnenuntergang fasten, nichts trinken und keine geschlechtlichen Beziehungen haben; Almosen geben, die *Zakat*, die 10 Prozent der Einnahmen ausmacht; die Pilgerfahrt nach Mekka unternehmen, wenn der Gläubige dazu die Mittel hat und gesund ist.

Diese fünf Säulen sind die Grundlagen des Islam. Sie sollten ergänzt werden durch eine moralische Grundhaltung, die den Grundwerten der ganzen Menschheit entspricht: nicht stehlen, nicht lügen, keinen Verrat begehen, nicht töten, keinen Selbstmord begehen (das ist eine Provokation gegen den göttlichen Willen), nichts Böses tun ... Es sind die gleichen Werte, die alle Religionen lehren. Dazu kommen die Solidarität, die Brüderlichkeit, die Frömmigkeit und die Achtung der Spiritualität. Der Koran verdammt jeglichen Angriff auf das Leben eines Unschuldigen: »Wer ein menschliches Wesen tötet, ohne (dass es) einen Mord (begangen) oder auf der Erde Unheil gestiftet (hat), so ist es, als ob er alle Menschen getötet hätte. Und wer es am Leben erhält, so ist es, als ob er alle Menschen am Leben erhält« (Sure 5, Vers 32).

Was tun?

Was lässt sich jetzt in der Gegenwart machen?

Das Problem ist komplex. Frankreich, wie auch unter anderem Belgien, die Niederlande und Italien, haben Probleme mit den Jugendlichen, die von der nordafrikanischen oder schwarzafrikanischen Einwanderung herstammen. Sie werden die ganze Zeit daran erinnert, dass sie nicht dazugehören, dass sie Ausländer sind. Sie suchen nach einer Identität, einer Zugehörigkeit. Wenn 45 Prozent dieser Jugendlichen keine Arbeit finden wie in Frankreich, wenn sie ihre Tage mit dem Durchstreifen der Straßen verbringen, wenn ihre Verzweiflung anwächst, ergibt das eine Wut und einen Zorn, die sie für jedwedes Abenteuer verfügbar machen: Drogenhandel, organisierte Kriminalität, oder sie flüchten sich in die Religion. Ihr Kopf ist leer; er verlangt nur danach, gefüllt zu werden. Eine Begegnung mit zwei oder drei Personen, die im Namen des Islam unterwegs sind, reicht, um sie in ein solches Projekt zu integrieren.

Man sagt, die Gefängnisse seien voll mit diesen jungen Leuten ohne bestimmte Identität …

Ja, wenn sie ein Verbrechen begehen (oft als Kleinkriminelle), landen sie im Gefängnis, manchmal ist es das Untersuchungsgefängnis, und sie warten Jahre auf ihren Prozess. Das Gefühl, ungerecht behandelt zu werden, wird stärker als alles andere. Im Gefängnis werden sie von Werbern kontaktiert, von Menschen, deren Beruf darin besteht, Jugendliche zu finden, die nicht nur dem Islam beitreten, sondern auch handeln wollen, um ihn zu verteidigen und ihm im Westen zum Sieg zu verhelfen. Was sie vortragen, ist gut ausgearbeitet. Zudem bieten sie Geld an; sobald die Jugendlichen nach Libyen, in den Irak oder den Jemen reisen, werden ihre Familien finanziell entschädigt. Man kann sehen, wie einfach es ist, einen Terroristen zu produzieren. Zugleich kümmert sich sein Land, in dem er geboren ist, ganz und gar nicht um das, was aus ihm geworden ist. Die Vororte sind kranke Bezirke, sie sind giftig, produzieren Kriminalität, Gewalt, Ungleichheit und Unrecht. So hat Frankreich trotz der Alarmsignale, die von Soziologen, Beobachtern und Aktivisten getätigt wurden, nichts getan, um dieses gefährliche Umfeld gesund zu pflegen. Ob bei den Rechten oder Linken, die Politik ist die gleiche: Nichtstun oder das Minimum absolvieren, um die Probleme zu vertuschen. Die Politiker wissen seit langem, dass die Vororte gefährlich sind, sie haben es zugelassen, sie haben die Bedrohlichkeit dieser Gefahr nicht erkannt.

Aber Papa, mehr als tausend junge Franzosen, die von Einwan-
derern abstammen oder zum Islam konvertiert sind, sind nach
Syrien gegangen, um dort zu kämpfen.

Ja, die Regierung hat Angst, dass eines Tages einige von ihnen, die ausgezogen sind, im Namen des Islam zu kämpfen, zurückkehren und den Kampf auf französischem Gebiet weiterführen.

Was kann man denn tun?

Kurzfristig weiß ich es nicht. Langfristig gibt es einiges zu tun: Erstens, die Schulbücher zu überarbeiten und die Geschichte der drei monotheistischen Religionen objektiv zu lehren. Zugleich sollte die Lehre begleitet sein von einer konkreten Idee: den Kindern Toleranz und Ablehnung des Fanatismus beizubringen, die Mechanismen des Rassismus zu erklären. Kurz, eine anspruchsvolle Pädagogik zu entwickeln, um auf tiefgreifende objektive Weise gegen die Abwege zu kämpfen, die zum Terrorismus führen. Zweitens, zu überprüfen, was in den Gefängnissen passiert. Die Imame auszuwählen, ihnen die Mittel an die Hand zu geben, um den Geist der inhaftierten Jugendlichen zu erhellen und sie vorzubereiten, wieder in das aktive Leben zurückzufinden. Gegen die Werber zu kämpfen. Drittens, zu überprüfen, was in den Moscheen passiert: Die Imame dürfen nicht mehr von ausländischen Regierungen finanziert werden; niemand darf sich selbst zum Imam erklären; um Imam zu werden, muss man eine Ausbildung absolvieren und gut vorbereitet sein, nicht um zu missionieren, sondern um Friedensarbeit zu leisten.

Doch das Schwierigste wird sein, den Blick auf und die Politik gegenüber den Jugendlichen aus den Vororten zu verändern. Es gibt ein Defizit an Staatsbürgerlichkeit, einen großen sozialen Bruch zwischen dieser Generation und den Eltern, zwischen den Jungen und der französischen Gesellschaft, die sie nicht wirklich anerkennt. Die Rede des französischen Premierministers Manuel Valls vom 20. Januar 2015 wurde als extremistisch angesehen: Er sprach von »territorialer, sozialer, ethnischer Apartheid in Frankreich«. Vor ihm haben auch Intellektuelle, die sich darüber beklagten, Opfer eines »antiweißen Rassismus« zu sein, dieses furchtbare Wort »Apartheid« benutzt. Einer von ihnen hat gesagt: »Wenn ich mit dem RER (der Pariser S-Bahn) fahre, komme ich mir vor wie in der Apartheid, denn ich bin der einzige Weiße im Zug.« Heute greifen Beamte in die Schubladen, in die alarmierende Berichte über die Situation der Vororte mit Handlungsvorschlägen ungelesen gestopft wurden. Sie sind immer noch aktuell, fünfzehn, zwanzig Jahre später. Wer auch immer an der Regierung war, diese Wunde wurde die ganze Zeit mit kleinen Reformen zugepflastert, überpudert, und dann hat man sie vergessen und den Staub unter den Teppich gekehrt.

Es bleibt ein anderes Problem, das nicht nur die Vororte betrifft: der Platz des Islam in unserer Gesellschaft. Man muss die Frage stellen: Welchen Platz wird der Islam der Modernität überlassen? Ist er in der Lage, die Kurve zu kriegen, sich in die Landschaft einzufügen ohne Lärm und Krach, ohne Fanatismus und Abweichungen? Nicht der Islam muss sich verändern, es sind die Muslime. Dafür muss über mehrere Generationen lang ein ganzes Erziehungssystem entwickelt und umgesetzt werden.

Wie können wir würdig und in gegenseitigem Respekt zusammenleben? Wie können die westlichen Gesellschaften, insbesondere Frankreich, das Zusammenleben und die gegenseitige Akzeptanz im Rahmen der Gesetze und Regeln gewährleisten? Wie können die Jugendlichen ihrem Leben einen konstruktiven Sinn geben?

Europa hat verstanden, dass das Problem eine Lösung oder zumindest einen guten Teil der Lösung finden kann durch die internen Strukturen der Politik gegenüber den neuen Europäern, den Europäern wider Willen, den von Einwanderern aus Nordafrika, Subsahara-Afrika, der Türkei und anderen Regionen abstammenden Menschen. Wir müssen unseren Blick und unsere Haltung radikal ändern. »Zusammenleben«, das kann man nicht dekretieren, das muss mit der Zeit und durch viele Prüfungen gemeinsam aufgebaut werden.

Wenn der Islam Angst macht, auch wenn fast alle wissen, dass der Islamismus nicht der Islam ist, verbreiten sich dennoch Vorurteile und Ängste. Was kann man dann tun? Zuerst müssen die muslimischen Verantwortlichen (auch wenn es im Sunnitentum keine Hierarchie gibt) in den Wohnvierteln arbeiten, um die verlorenen Seelen zu retten, auch jene, die in Gefahr sind, verlorenzugehen. Dafür müssen sie die Regeln und Gesetze des politischen Systems akzeptieren. Demokratie, Rechtsstaatlichkeit, Laizität beziehungsweise Trennung von Staat und Religion etc.

Zum anderen stellen wir fest, dass der Dschihadismus die Verzweiflung der illegalen Migranten nutzt: Er rekrutiert massenhaft in Ceuta (im Viertel El Principio, einem recht- und gesetzlosen Banden überlassenen Gebiet) und in Melilla. Angesichts der Perspektive einer Überfahrt mit wenig Erfolgschancen akzeptieren viele Afrikaner und Nordafrikaner das Angebot der Werber und reisen über gut strukturierte Netzwerke in die Territorien des Islamischen Staats im Irak und Syrien mit einem Zwischenstopp in Libyen, wo sie in Militärlagern ausgebildet werden.

Das Problem wird immer komplizierter. Die Tatsachen

sind klar. Doch die nur auf Sicherheitsmaßnahmen bauende Antwort ist nicht ausreichend. Wir brauchen mehr und Besseres: eine gut durchdachte Politik, die mit genügend Mitteln ausgestattet ist, um Zukunftspläne anzubieten, welche die Argumente der Kriegswerber zum Scheitern bringen können. Psychologisch muss der Überlebensinstinkt wieder stärker werden als der Todesinstinkt, der Instinkt, zu töten, der Instinkt, selbst zu sterben.

III

Im Zeichen des Bösen

(im Kopf von Mohamed Merah,
der am 22. März 2012 erschossen wurde,
nachdem er kaltblütig sieben Menschen –
darunter drei jüdische Kinder vor ihrer Schule –
in Toulouse ermordet hatte)

Ich mag keine Schule, hab Schule noch nie leiden können. Das
ist halt so. Ich hab versucht, es wie alle anderen zu machen,
doch ich bin halt nicht wie alle anderen. Ich hab mich sogar
angestrengt, um zu schuften und mein Leben ehrlich zu ver-
dienen. Nie hatte ich das Gefühl, verloren zu sein. Ich strotze
vor Energie. Ich liebe das Leben, wenn alles schnell geht, wenn
es laut ist und die Langeweile krachend zerschlagen wird. Ich
mag es nicht, wenn Leute sich zu sehr um mich kümmern, ich
will mich frei fühlen, herumrasen, Eindruck bei den Mädchen
schinden, etwas Besonderes sein. Eines Abends, das war 2005,
hab ich mich nicht zurückhalten können bei dieser Sozialar-
beiterin, die mir eine Predigt hielt, ich hab ihr eins auf die Fresse gegeben. Ich weiß, man soll Frauen nicht schlagen, aber ich
war genervt. Seit ich fünfzehn bin, haben sie mich ständig im
Auge. Überwacht, von der Polizei vorgeladen, vor den Richter
gestellt. Ich war zum Fall geworden. Trotzdem habe ich ge-
schuftet, nichts Böses getan, und dann war es eines Tages
stärker als ich, ich habe eine Tussi in einer Bank überfallen.
Da war Schluss mit lustig. Achtzehn Monate Gefängnis ohne
Bewährung. Zeit, nachzudenken, zu lernen und die Zukunft

zu planen. Mein großer Bruder Abdelkader hat seinen Weg gefunden: ein guter Muslim. Mit Bart, Hose und langer Tunika. Seine Frau ist von Kopf bis Fuß verschleiert. Er fühlt sich wohl. Meine Mutter klagt nie mehr über ihn. Im Knast habe ich mich zurückgehalten. Echt nicht der Zeitpunkt, verrücktzuspielen. Ich hatte Pläne. Befolgte den Ramadan wie alle Muslime im Knast. Eines Tages hat mir einer die Geschichte von einem Kerl erzählt, er hieß Khaled Kerkal, ein Algerier, der mit seiner Mutter nach Frankreich gekommen war. Der hatte auch schnell spitzbekommen, dass sie ihn in Frankreich nicht haben wollten; er hatte angefangen, Mist zu bauen. Auch er kam für einen bewaffneten Überfall ins Gefängnis. Als er rauskam, wurde er zum guten Muslim und wollte sich nützlich machen. 1995 hat er dann eine ganze Menge Anschläge verübt. Die Gendarmen haben ihn am Ende in der Nähe von Lyon wie einen Hund abgeschossen.

Also, ich hab auch einen Plan. Ich kann die Juden nicht leiden. Die sind überall. Einmal hab ich die Lehrerin gefragt, warum die Juden hier nicht die Straßen fegen. Sie hat mich ausgeschimpft. Als ich in Afghanistan war, wurde mir klar, wie sehr Frankreich den Islam hasst und die Juden mag. Ich war auch in Pakistan. Da hatte ich ein wenig Ärger. Doch ich konnte abhauen. Mein Bruder hat auf mich aufgepasst. Nicht nur er. Ich war nützlich, um das von Frankreich begangene Unrecht auszugleichen.

Frankreich mag uns nicht. Sie wollten mich nicht in der Armee. Das werden sie büßen. Ich werde ihnen ein paar Kugeln in den Rücken schießen, um sie zu bestrafen, weil sie meine Brüder in Afghanistan umbringen. Ich bin Franzose. Ja, auf dem Papier ... Aber ich bin auch kein Algerier oder Araber. Ich bin Muslim, ein guter Muslim. Das ist meine Identität. Ich bin nicht der Einzige, der diese Identität der französischen vorzieht, die ich auf Reisen benutze. Im Grunde weiß ich, wer ich bin: ein Vollstrecker. Ich mag es, wenn Köpfe rollen, wenn meine Feinde den Kopf abgesägt bekommen, freue ich mich. Sehen Sie mich nicht so an! Ich sag nur die Wahrheit. Ich hab eine schöne Festung aus Beton gebaut, in der ich allein lebe, und ich träume. Ich plane, mache meine Übungen, ich werde zum Richter und lerne, mich zu beherrschen. Die Zeiten, in denen ich einer Tussi einen Faustschlag verpasst hab, sind vorbei. Ich beschäftige mich jetzt mit ernsthaften Dingen. Wie ich an Waffen komme, weiß ich. Muss mich organisieren. Aus meiner Festung beobachte ich die anderen, die armen Schweine meiner Rasse; die hängen herum, arbeitslos, streifen durch die Straßen, niemand schert sich um sie. Sie werden jede Minute älter und grauer. Scheiße, worauf warten die bloß, um zu reagieren, dieses Scheißfrankreich anzuzünden, das uns wie Müll behandelt? Seit Jahren verachtet man uns.

Lange Zeit fühlte ich mich gedemütigt von diesem Land, das sich als Heimat der Menschenrechte aufführt. Rechte? Von wegen! Rassismus, Polizei, Überwachung und Verfolgung. Da können aus uns ja nur Ausgestoßene und Banditen werden. Wir sind Mischlinge, Bastarde. Meine Mutter, die schweigt. Bleibt mir bloß weg mit meiner Mutter. Sie akzeptiert, dass ihr Sohn im Knast dahinsiecht. Gut, ich habe mir ein Fernrohr besorgt und betrachte diese mistige Welt von oben, aus meiner Luftblase, diese Welt, die Muslime verachtet, Kinder in Palästina und Gläubige in Afghanistan ermordet, und niemand sagt etwas dazu. Gut, ich werde diese ganzen Puppen zum Tanzen bringen, ich werde Ordnung in diesem Misthaufen schaffen. Ich muss noch mehr üben. Man braucht einen ruhigen Kopf. Ich denke an den Taliban, der uns sehr harte Prüfungen auferlegte. Er war unerbittlich. Mehrmals wäre ich fast verreckt. Doch als er mir die Gebete beibrachte, habe ich verstanden, dass das Herz hart werden muss, denn die Mission ist keine Kleinigkeit, das ist eine ernste Sache. Ich schreite zur Tat. Keine Gefühle, keine Befindlichkeiten. Der Tod kennt kein Zögern. Wenn ich zweifle, bin ich dran. Man muss sorgfältig sein, auf den Kopf zielen. Meine Opfer werde ich zu gegebenem Zeitpunkt auswählen. Eins ist sicher: Ich werde Frankreich in die Knie zwingen.

Wiederkehr der Dschihadisten:
Der Ursprung des Bösen

Manche sind der Ansicht, der jetzt bereits so genannte, gegen den IS gerichtete »dritte Irakkrieg« sei »absurd« und »unnütz«. Möglicherweise. Bestimmt sind die USA und Europa sehr spät aufgewacht. Die Bombardierung von Panzern, die von fanatisierten Söldnern gelenkt werden, wird auch sicher kein selbsternanntes Kalifat auflösen, dessen Wurzeln sehr tief reichen. Es ist jedoch mehr als notwendig, die IS-Leute zu bekämpfen. Ich frage mich, warum die Golfstaaten sich nicht militärisch an diesem Kampf beteiligen. Das hätten sie tun müssen, und sei es nur, um sich dafür zu entschuldigen, dass sie privat oder offiziös manche Kämpfer im Namen des Islam unterstützt und finanziert haben.

Frankreich hat Angst vor der Rückkehr jener Franzosen, die in Syrien und im Irak Seite an Seite mit den Dschihadisten kämpfen und deren Hass auf die westliche Welt nur noch übertroffen wird von ihrer wütenden Entschlossenheit, überall, wo es geht, einen »islamischen Staat« zu errichten.

Wie kann man die »vom Dschihad Infizierten« jagen? Zuerst muss man sie aufspüren, sie kennen, um sie dann verhaften, anklagen und vor Gericht stellen zu können. Und dann? Wird es dann ein Ende haben mit dieser auf französischem Boden gewachsenen Widersinnigkeit? Das ist längst nicht sicher. Manche Politiker fordern, ihnen die französische Nationalität abzuerkennen. Das ist nicht nur schwierig, es würde auch das Problem nicht lösen. »Gotteskrieger« wird es immer geben. Das Problem ist die Leere im Kopf des jungen Franzosen aus einer Einwandererfamilie oder des Konvertiten; das Abenteuer Dschihad reizt ihn, und er tut den Schritt, einem Werber zu folgen, in die Tötung anderer einzuwilligen und den Tod für sich zu akzeptieren. In diesem Kopf herrscht astronomische Leere, gepaart mit einer ernsthaften Störung. Schnell wird diese Leere mit allem Erträumten gefüllt: Eine Identität haben, sie vor Ort festigen können, geistige, ideologische Bezugspunkte haben, seinem Leben einen Sinn geben, selbst wenn es bedeutet, dieses Leben im Kampf zu verlieren, in das »Land der Ungläubigen« zurückzukehren und jene, die nicht denken wie er, ins Unglück zu stürzen, jene, die er so sehr zu hassen gelernt hat, dass er ihren Tod als notwendig und normal betrachtet. Das steckt im Kopf von Mohamed Merah wie auch in dem von Mehdi Nemmouche, der am 24. Mai 2014 im Jüdischen Museum von Brüssel vier Menschen erschoss und zuvor offenbar zu den Folterern der vier französischen Journalisten gehört hatte, die sich monatelang in der Gewalt des IS befunden hatten. Ihren Landsmann Nemmouche identifizierten die Journalisten Nicolas Hénin und Didier François als ihren schlimmsten Peiniger.

Das Aufspüren dieser Art Individuen wird manche Bürger beruhigen. Doch die Wurzel des Problems bleibt damit unberührt. Der Philosoph Emil Cioran (1911–1995) sagte, es sei ganz natürlich, dass Jugendliche sich für radikale Ideen begeistern und dem Fanatismus verfallen (er selbst ist dem auch nicht entgangen). Konvertiten sind ja auch oft päpstlicher als der Papst. Doch was ist mit denen, die in einer muslimischen Familie aufwuchsen, die einen ruhigen, moderaten und friedlichen Islam praktiziert? Oft sind sie Opfer, die schlechten Umgang haben und jenen vorgeblichen Imamen folgen, die sie mit auf Unwissenheit und Böswilligkeit beruhenden Argumenten zum dschihadistischen Abenteuer verführen (auf der schwarzen Fahne jener Armee steht: Allah Bote Mohammed, was auf Arabisch nicht korrekt ist).

Nicht alle französischen Kinder aus Einwandererfamilien stolpern in diese Falle. Doch in Bezug auf die Minderheit, die ausgezogen ist, für die Errichtung eines islamischen Staates zu kämpfen (tausend von etwa zwei Millionen), wird kein neues Antiterrorismusgesetz das grundlegende Problem lösen. Wahrscheinlich sind diese jungen Menschen bereits verloren. Entweder sterben sie als »Märtyrer« an der Front, oder sie kehren entmenschlicht nach Hause zurück, bereit, jeglichen Befehl auszuführen, selbst Kinder aus einer jüdischen Schule umzubringen. Der Fall Merah bleibt manchen in lebendiger Erinnerung. Er wird nicht als Mörder, nach Anerkennung und Bekanntheit gierender Wahnsinniger angesehen. Für manche ist er der Held einer nicht ausgesprochenen, nicht öffentlich erklärten Sache. Für Nemmouche, den Attentäter von Brüssel, war Merah ein Vorbild, das er zu übertreffen suchte.

Es liegt eine langwierige Arbeit vor uns. Wir müssen in die Tiefe vorstoßen. Das Problem muss von der Wurzel her gepackt, nicht oberflächlich angegangen werden, um sich einen guten Namen zu verschaffen. Die chronisch kranken, gesundheitsschädlichen, Leere und Wahnwitz produzierenden Vororte müssen in den Mittelpunkt der Aufmerksamkeit rücken. Seit dem Marsch gegen Rassismus vor dreißig Jahren, der 100 000 Vorstadtjugendliche auf die Straßen getrieben hatte, gab es zahlreiche Warnungen und Aufrufe. Nicht eine einzige Regierung, weder der Rechten noch der Linken, hat seither die notwendigen entschlossenen Maßnahmen ergriffen. Wenn heute Jugendliche ihr Heil bei einer Armee aus Söldnern und Mördern Unschuldiger suchen, ist das kein Zufall.

Wir müssen noch aufmerksamer werden, um sie bei ihrer Rückkehr, falls wir sie denn aufspüren, daran zu hindern, von al-Qaida oder dem Pseudokalifen al-Baghdadi befohlene Anschläge auszuführen; wir müssen aber auch versuchen, sie zu entgiften, sie wieder auf den rechten Weg zu bringen. Darüber hinaus muss unsere Politik des Urbanismus überholt und die soziale Vermischung zur gelebten Wirklichkeit werden. Die Orte des Abstiegs müssen ausgelöscht werden. Wir müssen den Jugendlichen eine wirkliche identitäre Verbindung mit den Werten unserer Gesellschaft ermöglichen. Die Leere auffüllen. Bis zum heutigen Zeitpunkt sehe ich kaum etwas, das in diese Richtung unternommen wurde. Es bedurfte der Anschläge vom 7. und 9. Januar 2015, damit die französische Regierung tätig wurde und das Erziehungsministerium begann, Aufklärungsarbeit an den Schulen zu leisten. Es ist ein Anfang, der Anfang eines langen Weges.

IV

Das Erdöl
und der dschihadistische Staat:
Wie der IS entstand
und was ihn bedroht

Am Anfang stand George W. Bush

Was George W. Bushs vorrangige Motivation war, im März 2003 in den Irak einzumarschieren, wird man sich noch lange fragen. Es war sicher weder die Existenz von Massenvernichtungswaffen noch das Ziel, dem irakischen Volk Demokratie zu bringen, als wäre dieses Wertesystem eine Pille, die man morgens nimmt, um am Abend Demokrat zu sein, und ebenso wenig das Wohlbefinden der Bevölkerung des Landes oder der Wunsch, einen Diktator zu verjagen. Erdöl war der Grund, dass Bush sein Land in ein militärisches Abenteuer mit ebenso zahlreichen wie gefährlichen Folgen und Auswirkungen stürzte. Er wollte die Energiequellen des Landes kontrollieren.

Der zweite gravierende Fehler des Pentagons bestand darin, die reguläre irakische Armee aufzulösen, sie wirkungslos, ziellos und strukturlos zurückzulassen.

Resultat: Heute ist der Irak ein von Aktivisten ohne jede Moral bedrohter Staat; von Hochstaplern und Fälschern, die den Islam und den Koran missbrauchen, um die Macht zu ergreifen und in die Nachbarstaaten vorzudringen.

Der Irak ist nicht nur zum Einflussgebiet aller möglichen terroristischen Gruppen geworden, er ist auch der Schauplatz eines neuen Religionskriegs zwischen Schiiten und Sunniten. Vorher existierten diese beiden Strömungen des Islam friedlich in guter Koexistenz nebeneinander, doch dann beschloss George W. Bush, der wahrscheinlich in seinem Leben noch keinen einzigen Vers des Koran gelesen hat, – und falls doch, hat er ihn sicher nicht verstanden –, den Irak zu verwüsten und die Schlüssel einem parteiischen Premierminister auszuhändigen, der die Schiiten privilegiert und die Sunniten demütigt.

Vor diesem Hintergrund und inmitten von Chaos und Zerstörung blüht und gedeiht der IS, besetzt ein Drittel des Irak und ein Viertel Syriens, tötet alle, die nicht auf seiner Seite sind, massakriert unschuldige Menschen, nimmt ausländische Geiseln, schlachtet sie ab und verbreitet über das Internet die Horrorvideos weltweit.

Der IS hat al-Qaida längst überholt. Seine Grausamkeit und Barbarei, seine Entschlossenheit haben sowohl die muslimische als auch die westliche Welt überrascht. Al-Baghdadi hat sich zum Kalifen ernannt und auf dem von ihm besetzten Gebiet einen »islamischen Staat« eingerichtet, der die Muslime in der ganzen Welt auffordert, sich ihm anzuschließen, wie zu der Zeit, als Bagdad das Zentrum der islamischen Welt war.

Das vergossene Blut der anderen besiegelt den Treueschwur

Nie hätte sich Hervé Gourdel, ein 55-jähriger Bergführer aus Nizza, vorstellen können, dass er in der Region Tizi Ouzou in seinem geliebten Algerien Banditen in die Hände fallen könnte, die ihn entführen und als Druckmittel gegenüber den französischen Behörden benutzen würden, damit diese die Bombardierung von Truppen und Kriegsmaterial des IS einstellen. Er wurde im September 2014 von »Soldaten des Kalifats« abgeschlachtet, die dem selbsterklärten Kalifen al-Baghdadi die Treue geschworen hatten. Doch das reichte nicht, ein Beweis musste her, dass sie auch handeln würden. Der Beweis war die Enthauptung dieses begeisterten Bergwanderers Hervé Gourdel. Das Blut eines Unschuldigen besiegelte den Treueschwur zu diesem vorgeblich islamischen Staat. Am 15. Januar 2015 fanden die algerischen Behörden in den schwer zugänglichen Bergen Gourdels Leiche, während die Suche nach den dort verschanzten Mördern bislang ergebnislos blieb.

Die Dschihadisten des IS haben sich einem gewaltsamen Prozess verschrieben, der alle, die nicht mitmachen, tötet und zerstört. Der Terror zielt auf alle: Christen, Juden, schiitische Muslime, nicht ausreichend fanatisierte Sunniten, Demokraten und Laizisten. Ein erbarmungsloser Krieg wird gegen die ganze Welt geführt, die sich al-Baghdadi noch nicht unterworfen hat. Wie Abu Mohammed al-Adnani, einer seiner Mitarbeiter und Sprecher der Terrorgruppe, in einer in mehreren Sprachen veröffentlichten Botschaft erklärte: »Ihr müsst vor allem die bösen, schmutzigen Franzosen töten. Wenn ihr keinen Sprengkörper und keine Munition auftreiben könnt, isoliert den ungläubigen Franzosen; zerschmettert seinen Kopf mit Steinen, erstecht ihn mit einem Messer, überfahrt ihn mit eurem Auto, schmeißt ihn in den Abgrund, erstickt oder vergiftet ihn.«

Genau das taten die algerischen »Soldaten des Kalifats« am Nachmittag des 24. September 2014 mit Hervé Gourdel, weil Frankreich ihr Ultimatum nicht befolgt hatte.

Sein Tod lässt uns mit der Frage zurück, wie dieses tragische Ereignis möglich war und wieso die zivilisierte Welt sich von dieser Mörderbande hat überrumpeln lassen.

Die Ursprünge dieser Widersinnigkeit

Historische Katastrophen ereignen sich nicht zufällig. Sie sind vorbereitet, manchmal angekündigt worden. Man kann sie nicht zu Unfällen der Geschichte erklären. Wer ein wenig forscht, findet ihre Ursprünge, erkennt ihre Voraussetzungen, spürt die Elemente auf, die sie begünstigt und vorbereitet haben. Doch jedes Mal staunen wir und wundern uns über den Horror, als hätten wir keine Vergangenheit und kein Gedächtnis.

Der dschihadistische Islamische Staat des finsteren, selbsternannten Kalifen Abu Bakr al-Baghdadi hat eine lange Vorgeschichte. Um sie aufzuspüren, muss man in eine Zeit vor der Geburt dieses Mannes zurückkehren. Vereinfacht können wir den Ursprung auf den 29. August 1966 zurückführen, als der ägyptische Präsident Nasser den oppositionellen Intellektuellen und Führer der Moslembrüderbewegung Sayyid Qutb hängen ließ. Ein Märtyrer. Damals wurde der Islam noch nicht als Kriegswaffe eingesetzt. Seine Werte hielt man denen des an den Marxismus angelehnten, totalitären Fortschrittsglaubens entgegen. Nasser hat Tausende oppositioneller Islamisten sowie Demokraten brutal unterdrückt. Syrien und der Irak hingen der Ideologie des Baathismus an, die diffus sozialistisch und insbesondere vollkommen laizistisch war. Doch nicht ein einziger arabischer Staat war demokratisch. Die Macht wurde vom Vater auf den Sohn übertragen oder mit Hilfe von gewaltsamen Staatsstreichen erlangt. Der junge Gaddafi war ein glühender Bewunderer Nassers und kam am 29. September 1969 durch einen Staatsstreich an die Macht. Er machte sein Land nicht zu einem modernen Staat, im Gegenteil, er hielt das Klansystem aufrecht und finanzierte terroristische Bewegungen auf der ganzen Welt.

Das zweite wichtige Datum ist die Geburt der iranischen Islamischen Republik durch die Machtergreifung von Ajatollah Khomeini, der 1978 erklärte: »Der Islam ist politisch oder gar nicht.« Zur gleichen Zeit vertrieben im Namen des Islam Afghanen die sowjetischen Besatzer aus ihrem Land. Das Weitere ist bekannt. US-amerikanische Intervention und Aufstieg der Taliban, die die Vorreiter der Barbarei sind; der Höhepunkt war 1998 die Zerstörung der griechisch-buddhistischen Kunstwerke, der Gandara, durch die Taliban, dann im März 2001 die Sprengung der großen Statue des Buddha im Tal von Bamiyan. Kaum Protest und vor allem keine offizielle Reaktion aus der muslimischen Welt.

Seit Ende der siebziger Jahre setzten sich die Begriffe des Dschihad und der islamischen Republik in den Kämpfen durch und steckten sogar die palästinensische Revolution an, die vorher nie die Religion, insbesondere den Islam, als Kampfideologie eingesetzt hatte. Um Jassir Arafat zu isolieren, unterstützte Ariel Sharon diskret die Entstehung der Hamas.

Insbesondere im Libanon bekämpften sich Schiiten und Sunniten, wo die Hisbollah, bewaffnet und finanziert vom Iran über das auf libanesischem Gebiet agierende verbündete Syrien, sehr aktiv ist. Heute steht diese Bewegung an der Seite von Baschar al-Assad gegen die laizistischen und demokratischen Rebellen. Zugleich soll es eine Vereinbarung zwischen Assad und den Führern des IS geben, die er bei seinen Bombardierungen verschont.

So sind das Fehlen einer wahren Demokratie in der arabischen und muslimischen Welt, der Autoritarismus illegitimer Regierungsführer, die Anhäufung sozialen Unrechts, gepaart mit Korruption und Willkür, gemeinsam die Geburtshelfer widersinniger Erscheinungen wie des Islamischen Staats, der mit der Besetzung eines Teils des Irak und Syriens zur Bedrohung für die Länder der Region geworden ist. Doch ohne die völkerrechtswidrige und unsinnige Invasion des Irak durch die US-Armee im März 2003 wäre dieses Land nicht zu einem Trümmerfeld und einer Drehscheibe des internationalen Terrorismus geworden. Allein deshalb müsste George W. Bush vor den Internationalen Strafgerichtshof gestellt werden. Doch ein ehemaliger US-Präsident genießt wohl Immunität.

Die Sprache al-Baghdadis, seine barbarischen Methoden, seine Medienstrategie und die Nutzung der sozialen Netzwerke faszinieren und beeindrucken die Jugendlichen nicht nur in den arabischen Ländern, sondern auch in Europa. Damit ist der IS eine ernsthafte Bedrohung für die ganze arabische Welt und ebenso für Europa. Die Zahl der jungen Europäer, von denen manche aus Einwandererfamilien stammen, andere konvertiert sind, die sich heute an der Front des vom sogenannten Kalifen geführten Krieges befinden, geht in die Tausende. Eines Tages werden sie nach Europa zurückkehren, ohne dass sie auffielen, unbemerkt, und dann werden sie zur Tat schreiten. Denn in den Köpfen al-Baghdadis und seiner Gefolgsleute ist der Kampf gegen die westliche Welt so unausweichlich wie der Kampf gegen die dem Islamismus nicht unterworfenen arabischen Staaten.

Was tun? Wenn sich die USA und Europa nicht stärker engagieren, werden europäische Dschihadisten in europäischen Städten und in Nordafrika weiter ihren Terror verbreiten. Der radikale Islamismus hat Europa und Nordafrika den Krieg erklärt. Im Sommer 2014 begannen die amerikanischen und französischen Militäreinsätze. Doch es wäre falsch zu glauben, damit allein könne man al-Baghdadi und seine Gesinnungsgenossen unschädlich machen. Entscheidend ist, dass die arabische Welt und der Westen eine gemeinsame Politik verfolgen, um diesem verbrecherischen Irrsinn ein Ende zu bereiten.

Wir müssen die Aussagen al-Baghdadis ernst nehmen. Er hat durch das Köpfen unglückseliger Geiseln bewiesen, dass er vor nichts zurückschreckt. Wenn er nicht mit den angemessenen Waffen bekämpft wird, wenn er nicht militärisch, physisch besiegt wird, wird er weiterhin vorrücken, die Nachbarländer ins Elend stürzen, seine Gehilfen in die ganze Welt entsenden, um Unschuldige umzubringen. Auch wenn es in dieser Sache leichtfällt, dem Islam alles in die Schuhe zu schieben, ist es dringlich, den muslimischen Ländern klarzumachen, dass dieser dschihadistische Staat sie destabilisieren, ruinieren und zu verschiedenen Arten der Hölle machen will.

Eine akribische Recherche sollte die Geldgeber des IS ausfindig machen, denn die Diebstähle in den Banken von Mossul reichen nicht aus, um eine so starke Armee zu unterhalten. Die arabischen Staaten müssen aufwachen und sich wenigstens dieses eine Mal einig zeigen, um diese Barbaren zu isolieren, zu entwaffnen und über sie zu richten. Sonst wird es nirgendwo mehr Sicherheit geben.

Es ist fast ein Weltkrieg

Am 24. September 2014 zielten die US-Bombardierungen auf ein Dutzend Erdölraffinerien in Rakka und Deir ez-Zor im Nordosten Syriens, die unter der Kontrolle der Dschihadisten sind. Der IS kontrolliert angeblich etwa zwanzig Erdölquellen im Irak und in Syrien. Nachdem die privaten Geldgeber aus bestimmten Golfstaaten ihre Hilfe eingestellt hatten, besetzten die Dschihadisten sehr schnell Erdölquellen und Raffinerien, um über den Verkauf des Öls ihren Krieg gegen die Welt zu finanzieren.

Am 28. September hat die US-Armee auch die Gasproduktionsstätten in Syrien heftig bombardiert, um die Geldquellen der Dschihadisten zum Versiegen zu bringen.

Wer kauft dieses Erdöl wie? In jedem Krieg gibt es illegale Geschäfte, Schwarzmärkte mit ihren Händlern und Mittelsmännern. In diesem Fall sind sie zahlreich und kommen aus den Nachbarländern. Manche kaufen das Erdöl zum halben Preis, andere lagern es, um später einen besseren Preis zu erzielen. Die USA und Frankreich haben begriffen, dass man zuerst die wichtigsten Einnahmequellen blockieren muss. Ihnen ist nun klar – zumindest klingen Obamas Erklärungen danach –, dass der IS stark, organisiert und entschlossen ist.

Es bleibt die Frage, wer diesen blutrünstigen »Staat« finanziert und bewaffnet, eine Organisation, die al-Qaida und ihre über die ganze Welt verstreuten Einheiten in den Schatten stellt. Die Golfstaaten tragen große Verantwortung für den Aufstieg und die Entwicklung dieses Phänomens. Offiziell verurteilt Saudi-Arabien das wildwüchsige »Kalifat« des IS. Doch Privatvermögen aus Katar, Kuwait und Saudi-Arabien haben jenen Kämpfern für einen obskurantistischen totalitären Islam freigiebig geholfen. Für diese Zahlungen, über die alle reden, gibt es keinerlei Beweise. Die Behörden haben vor diesem Aspekt die Augen verschlossen, denn sie gingen davon aus, dass eine starke sunnitische Bewegung ihren ewigen Feind Iran behindern werde.

Doch das Kalifat hatte offensichtlich andere Pläne: überall, wo es nur kann, einen »islamischen Staat« errichten. Es hat zuerst von der muslimischen Welt einen Treueschwur gefordert, als wären wir im siebten Jahrhundert zu Beginn der Ausbreitung des Islam. Nur einige Einzelpersonen haben auf diese Forderung reagiert. Doch die so unterschiedliche, so komplexe muslimische Welt konnte sich keinesfalls damit abfinden, einen Schlächter als Vertreter der Muslime zu akzeptieren. Die USA und die westliche Welt reagierten erst, als ihre Interessen direkt betroffen waren. Al-Baghdadi hatte sich eingebildet, durch die Enthauptung unschuldiger Geiseln und die Verbreitung der Videoaufzeichnungen dieses Horrors könne er die amerikanischen und französischen Verantwortlichen zum Zurückweichen bringen. Das Gegenteil war der Fall. Zum Glück beteiligen sich die Golfstaaten Saudi-Arabien, Katar, die Vereinigten Arabischen Emirate und Bahrain sowie Jordanien.

Eine wichtige Rolle in diesem Krieg, insbesondere im Hinblick auf Syrien, fällt der Türkei zu, durch ihre geografische Position, durch ihre Verbindungen zur arabischen Welt und zum Islam. Ende September 2014 erklärte die Türkei, deren Haltung gegenüber dem IS zuvor ganz von der Befürchtung vor einem Erstarken der Kurden dominiert war, sich aus der Koalition gegen die Dschihadisten nicht weiter heraushalten zu wollen. Im Februar 2015 unterzeichneten die Türkei und die USA eine Vereinbarung zur Unterstützung moderater syrischer Rebellen im Kampf gegen den IS. Trotz der anhaltenden Kritik an der Türkei, nur unzureichend gegen die Dschihadisten vorzugehen, lässt sich von einer so gut wie einheitlichen Verurteilung sprechen. Der Großmufti von Saudi-Arabien hat al-Baghdadi angegriffen und ihm das Recht abgesprochen, sich Kalif zu nennen. Bereits bevor die Pariser Anschläge von Januar 2015 weltweit Auswirkungen zeigten, haben die Muslime Frankreichs ihre entschiedene Ablehnung des IS durch Parolen auf Demonstrationen ausgedrückt, auf denen sie riefen: »Das ist nicht der Islam!«, während in London muslimische Jugendliche Banner mit den Worten »Not in my name« in die Höhe hielten.

Der Kern des Problems ist Syrien

Die andere Frage ist, ob der Kampf gegen den IS Baschar al-Assad nutzen oder im Gegenteil seinen Sturz beschleunigen wird. Es dauerte lange, bis sich die Franzosen endlich dazu durchrangen, die laizistische demokratische Opposition in Syrien materiell zu unterstützen. Es kann sein, dass der Krieg gegen den IS, der machiavellistische Plan Putins und Baschar al-Assads, sich gegen sie wendet. Zu Beginn des syrischen Volksaufstands im März 2011, als die Bevölkerung friedlich gegen die Diktatur Assads demonstrierte, reagierten die westlichen Mächte nicht, als die Armee Assads in die Menge schoss und Häuser von Zivilisten bombardierte. Als sich der Oppositionsrat im Ausland gründete, bekam er ein wenig politische Unterstützung, jedoch weder Waffen noch Geld, zumindest nicht in ausreichendem Maße und vor allem nicht die Waffen, die er benötigt hätte, um gegen die Angriffe Assads und seiner Armee vorzugehen. Die von Putin vorgeschlagene Strategie war einfach: Die laizistischen Oppositionellen mit extremistischen Islamisten infiltrieren und der Welt die Botschaft verkünden, dass ein von al-Assad regiertes Land immer noch besser sei als eine islamische Republik, die als Erstes alle Christen auf syrischem Boden ermorden würde. Sobald etwa zwei Dutzend Kommandos von al-Qaida und anderen Bewegungen wie der Al-Nusra-Front sich am syrischen Konflikt beteiligten, haben sie die laizistische und demokratische Opposition erheblich geschwächt. Dadurch konnten sich die Dschihadisten al-Baghdadis in Syrien und danach im Irak einschleichen; dabei halfen ihnen ehemalige Offiziere der irakischen Armee, sich nach Saddam Hussein zurücksehnende Baathisten und andere Abenteurer, die in dieser Bewegung »die Rache der Sunniten an den Schiiten« sahen, denn der irakische Premierminister al-Maliki hatte alles getan, um die Schiiten im Land den Sunniten gegenüber zu bevorzugen. Durch seine schlechte, parteiische und ungerechte Politik hat er objektiv das Terrain für den IS vorbereitet.

Der große Fehler der USA und Europas war, Baschar al-Assad mit Repressalien zu drohen, falls er chemische Waffen gegen sein Volk einsetze. Im August 2013 vergaste Assad wahrscheinlich auf Anraten Putins mehrere Tausend Syrer, darunter viele Kinder. Barack Obama wurde wütend, François Hollande schimpfte, die Welt war empört und erwartete unmittelbare gewichtige Reaktionen, die Baschar al-Assad hinwegfegen sollten. Doch nichts geschah. Sie belehrten ihn, zwangen ihn, die restlichen chemischen Waffen zu zerstören, und ignorierten dann Zehntausende durch konventionelle Waffen getötete Menschen. Das war ein Sieg für Baschar al-Assad. Ein Sieg für Putin, der im Sicherheitsrat jede Verurteilung der Verbrechen seines syrischen Freundes systematisch durch sein Veto verhindert. Gerade weil die USA und Europa ihre Schwäche, ihr Zögern und ihren Mangel an Entschlossenheit bewiesen haben, fühlte sich ein Individuum wie al-Baghdadi berechtigt, mit seinen Söldnertruppen vorzurücken und Teile Iraks und Syriens zu besetzen. Es dauerte mehrere Monate und es mussten westliche Geiseln öffentlich abgeschlachtet werden, bis die Weltöffentlichkeit die Mächtigen dazu trieb, ein Bündnis einzugehen und den IS anzugreifen. Die Angriffe geschehen nach wie vor nur aus der Luft. Die Kämpfe am Boden gegen den IS überlässt man den Überresten der irakischen Armee und den syrischen Oppositionellen.

Islam und Gewalt

Auch mit Blick auf den IS wird oft die schmerzhafte Frage gestellt: Ist diese Gewalt integraler Bestandteil des Islam? Um dies zu beantworten, ließe sich auf die gewaltreiche Geschichte der katholischen Kirche verweisen. Doch das wäre nur ein Ausweichmanöver vor einer heiklen Frage. Selbstverständlich predigt der Islam Frieden und Toleranz, kultiviert humanistische Werte, und zugleich ist die Rede vom Dschihad, vom Kampf gegen die Ungläubigen, von Apostasie und vielen anderen Dingen, die auf unterschiedliche Weise gedeutet werden. Alles ist relativ und hängt von der Interpretation dieses oder jenes Verses ab. Dennoch hat der Islam nie Selbstmord als Mittel empfohlen, um Massaker zu begehen, nie hat der Islam vorgeschrieben, man solle Geiseln nehmen und sie enthaupten, er hat auch nie Unwissenheit verbreitet, um schwache oder böswillige Köpfe in die Irre zu führen. Der IS versucht, den Islam mit den Waffen unserer Zeit umzuschreiben. Die Texte werden aus dem Zusammenhang gerissen. Die Verse werden kreuz und quer interpretiert. Selbst die schwarze Fahne ist widersinnig: Die Schrift darauf ist verkehrt, um zu sagen: »Mohammed ist der Bote Allahs«, schreiben sie: »Allah Bote Mohammed«.

So viele Verbrechen werden im Namen des Islam begangen. Die Muslime müssen aufstehen, um diese Barbaren zu entlarven, doch sie haben es nicht getan, weil sie zweifeln oder Angst haben oder, schlimmer noch, das Geschehene stillschweigend gutheißen. Noch sind zu wenige aufgestanden, um diese Abwege anzuprangern.

Es bleibt das Problem jener Tausenden junger Europäer, die sich – der »zweiten Generation« muslimischer Einwandererfamilien entstammend oder kürzlich Konvertierte – dem IS im Irak und in Syrien angeschlossen haben (für Deutschland spricht der Verfassungsschutz von 650 Ausreisen zwischen 2011 und Anfang 2015 – bei steigender Tendenz). Einige glauben, der Dschihad werde sie ins Paradies führen, andere sind von Abenteuer und Krieg begeistert. Alle haben ein Identitätsproblem, einen Mangel an ontologischer Sicherheit. An der Kriegsfront geprüft, schickt der IS sie in ihre Herkunftsländer zurück, um dort Anschläge im Namen des Kalifats zu begehen, das die Welt beherrschen will. Die Rückkehr der Kinder, deren Gehirne und Software umgepolt worden sind, um sie zu ferngesteuerten Killern zu machen. So wird die Sache mit dem Kalifat und der Errichtung eines »islamischen Staates« selbst dann längst nicht abgeschlossen sein, wenn es den USA und ihren Verbündeten gelingen sollte, den IS militärisch zu besiegen.

Syrien: Das Putin-Komplott

Uff, geschafft!, mag mancher im September 2013 gedacht und aufgeatmet haben. Die Zerstörung des chemischen Arsenals von Baschar al-Assad hatte begonnen. Der syrische Diktator hatte sogar seine Irrtümer zugestanden. Natürlich nicht alle, nur die in Bezug auf die Einsetzung chemischer Waffen. Als Zerstörer seines Landes hatte er erkannt, dass es mit Chemie schneller geht und die Auswirkungen größer sind. Man gab sich voller Optimismus. Selbst der US-Außenminister John Kerry war zufrieden und ging sogar so weit, Putin für seine Hilfe zu danken. Gut, das alles gehörte zur Strategie. Schauen wir kurz zurück:

Am 27. September 2013 hatten sich die Vereinten Nationen einigen können: Die Resolution 2118 kündigte die Zerstörung des chemischen Waffenarsenals von Baschar al-Assad an (die letzten von Syrien deklarierten Chemiewaffen wurden im Juni 2014 abtransportiert und vernichtet). Für den Fall, dass Assad seinen Verpflichtungen nicht nachkommen sollte, wurden Sanktionen angedroht, deren tatsächliche Verhängung allerdings eine Zustimmung Moskaus voraussetzte. Kurz, die 110 000 Toten, die zwei Millionen Flüchtlinge und die fünf Millionen Vertriebenen wurden ignoriert. Baschar al-Assad konnte sich der Welt mit einer weißen Weste präsentieren, mit ruhigem Gewissen und des Sieges gewiss. Er erlaubte sich sogar, die Europäer von der geplanten Syrien-Konferenz Genf II auszuschließen, die im Januar 2014 stattfand. Man hatte Assad zu einem rundum glücklichen Mann gemacht, den nichts mehr aufhalten kann und der keinerlei Verurteilung oder Verfolgung durch den Internationalen Gerichtshof riskiert. Gut für ihn – doch sein Sieg bedeutete die Niederlage von Recht und Gesetz, ein Debakel für die demokratischen Staaten, die Legitimierung der Barbarei, die Verschrottung der zivilisierten Werte.

Wenn ich es recht verstanden habe, kann Assad sein Volk seitdem weiter massakrieren, solange er keine Chemiewaffen einsetzt. Sterben ja, aber nicht an Giftgas. Die Menschen müssen akzeptieren, durch Kugeln, Bomben und andere Geschosse umzukommen, solange es sogenannte konventionelle Waffen sind. Bloß kein Gas. Der Tod wird seltsam, wenn er durch eine unsichtbare Waffe herbeigeführt wird. All jene, die Assads Armee in den zweieinhalb Jahren zuvor ermordet hatte, waren auf »legale« und für manche sogar auf »legitime Weise« getötet worden. Doch dann überschritt Assad die rote Linie, und darüber geriet die von den klassischen Waffen herbeigeführte Katastrophe in Vergessenheit. Dieses Überschreiten störte Barack Obamas Schlaf und versetzte François Hollande in Rage. Andere haben sich hinter der Komplexität dieses Krieges verschanzt, um nicht eingreifen zu müssen, oder erhoffen sogar einen Sieg Assads, denn unter diesem würden zumindest die Christen nicht massakriert. Die Propagandamaschinerie des Regimes läuft wie geschmiert. Ein amerikanisches Unternehmen soll 250 Millionen US-Dollar erhalten haben, um auf intelligente feinsinnige Weise die westlichen Medien zu unterwandern.

Dank Putin können die Massaker tagsüber und nachts weiter durchgeführt werden. Die Waffenlieferungen laufen wie am Schnürchen. Die, welche morgen sterben, sterben nur ein wenig, nicht so ganz schlimm, aber tot sind sie am Ende doch. Der Westen hat keinen Grund, stolz zu sein. Was die Vereinten Nationen betrifft, so meint diese schwerfällige ineffiziente Maschinerie durch die Verabschiedung der Resolution 2118 ihre Pflicht erfüllt zu haben. Eine lauwarme Resolution, die am Ende Assad in seiner Entschlossenheit bestätigt hat, das eigene Volk zu ermorden. Assad bleibt ungestraft. Er ist mit den Gesetzen des Dschungels aufgewachsen. Er kleidet sich anständig, rasiert sich jeden Morgen, ruft seine Frau und seine Kinder an, um sich zu erkundigen, ob sie gut geschlafen haben, dann setzt er sich mit seinem Bruder und dem Generalstab zusammen und plant ganz banal die nächsten Massaker.

Das syrische Volk hat kein Glück mit dieser Familie. Der Vater hatte sich 1970 an die Macht geputscht und hat sie 2000 seinem Sohn übergeben mit der Mahnung, dass nur eine funktionierende Polizeidiktatur ihm die Regierungsführung sichern könne. Da ist das Vergießen des Bluts der Opposition ein Detail. Das Wesentliche bleibt, den Klan beisammenzuhalten. Der Rest, Demokratie, Freiheit, Recht etc. sind Erfindungen westlicher Scheinheiligkeit.

Als der Vater 1982 erfährt, dass sich Oppositionelle in Hama treffen wollen, wartet er, bis alle da sind, lässt die Stadt absperren und sie die ganze Nacht über in Schutt und Asche bombardieren. Mehr als 20 000 Tote. Schweigen im Blätterwald. Dieses Verbrechen blieb ungestraft.

Das syrische Volk hat weiterhin kein Glück. Die Rebellen wurden von dschihadistischen Söldnern unterwandert, bezahlt von Staaten, die der Welt eines Tages Rechenschaft ablegen müssen. Diese Komplexität, der Mangel an Einheit in den Reihen der Aufständischen, das Eindringen der Agenten des internationalen Terrorismus in den Befreiungskampf Syriens liefern jenen Argumente, die zögern oder es sogar ablehnen, die Freiheit gegen die Barbarei zu unterstützen. Darin besteht der Sieg der Assad-Sippe: Sie haben die Spuren verwischt, haben Verbrechen herbeigeführt und sie den Aufständischen in die Schuhe geschoben. Sie versuchten sogar – mit Schützenhilfe Putins –, die Rebellen für den Chemiewaffenangriff vom 21. August 2013 verantwortlich zu machen. Heute glaubt niemand mehr an diese These. Bereits Mitte September 2013 wies Human Rights Watch mit vielen Beweisen und Dokumenten den Ursprung und die Einzelheiten des Angriffs nach. Die Verantwortlichkeit Baschar al-Assads ist vollständig und unbestreitbar.

Dass Barack Obama im August 2014 vermelden konnte, dass die syrischen Bestände zur Produktion von Chemiewaffen – soweit sie deklariert wurden – auf dem US-Spezialschiff »Cape Ray« vollständig und sogar schneller als geplant vernichtet wurden, wird die Hunderte scheinbar schlafender, aber in Wirklichkeit toter Kinder und auch ihre Eltern nicht wieder lebendig machen. Doch der Schein bleibt gewahrt. Der böse Assad wurde ausgescholten. Man hat ihm sogar ein paar Stockhiebe auf die Fußsohlen angedroht, falls er diese geruchlosen, farblosen, aber so wirksamen Produkte wieder einsetzen sollte.

Das wahrscheinlich vom ehemaligen KGB-Offizier ausgedachte Komplott hat funktioniert. Schmeißen wir ein wenig Gas auf die Bevölkerung, das wird ein Skandal, Gutmenschen werden schreien, Staatschefs werden wüten, dann können wir den Einsatz konventioneller Waffen normalisieren und niemand übt mehr Kritik. Das Gas hat die Rechnung der Zehntausenden von Toten gelöscht, die das syrische Regime auf dem Gewissen hat. Und Moskaus Veto steht weiterhin zur Verfügung, unerschütterlich.

Wir sind beruhigt: In Syrien wird niemand mehr unter Vollnarkose sterben. Das nenne ich Fortschritt!

Der Arabische Frühling:
Eine durchwachsene Bilanz

Wie auch immer sich die arabischen Länder weiterentwickeln, eine Tatsache steht fest: Die arabischen Völker haben keine Angst mehr vor den Diktatoren und sind entschlossen, für ihre Würde zu kämpfen. Oft wird die Anzahl der Männer und Frauen vergessen, die während der Aufstände ihr Leben geopfert haben, ob in Ägypten, Tunesien, Bahrain, im Jemen oder in Libyen. Anonyme Tote. Gestorben, damit Werte in Gesellschaften aufleben, die allzu lange auf Freiheit und Recht verzichten mussten. Wie ihre Eltern und Großeltern für die Unabhängigkeit und gegen den Kolonialismus gekämpft haben, so zögerten diese Männer und Frauen nicht, ihre Rechte auf der Straße einzufordern.

Ägypten: Rückkehr der Armee

2013 war das Jahr des Scheiterns der an die Macht gekommenen Islamisten. Bevor sie in ihre Moscheen und manche in die Gefängnisse zurückgeschickt wurden, hatte die Mehrheit des Volkes ihnen in häufigen entschlossenen Demonstrationen ihre Ablehnung kundgetan. Die Dinge haben sich in Ägypten gewaltsam entwickelt. Zwar wurde der ehemalige Präsident Mohammed Mursi abgesetzt und verhaftet, doch seine Anhänger haben sich das nicht bieten lassen und sich mit allen Mitteln widersetzt, auch mit Gewalt, denn es gab mehrere bewaffnete Überfälle auf Polizeidienststellen, die jedes Mal mehrere Todesopfer forderten. Mursi hatte sich nicht nur alle Macht zugeschanzt, er hat auch nicht reagiert, als im Juni 2013 schiitische Mitbürger in einem Dorf in der Umgebung von Kairo gelyncht oder als die koptischen Kirchen im Land angezündet wurden. Die Armee hat hart durchgegriffen: Sie scheute sich nicht, auf die Menge zu schießen, als Mursis Anhänger auf die Straße gingen. Gewalt gegen Gewalt. Das entspricht nicht dem Willen, einen Rechtsstaat aufzubauen. Die »Demokratie« der Militärs ist besonders. Sie greift oft auf Repression zurück.

Man kann nicht behaupten, dass die Machtübernahme des Militärs Ägypten vollständig befriedet hätte. Die Bewegung der Muslimbrüder ist immerhin sehr alt – sie besteht seit 1920 –, gut organisiert und sie wurde schon immer von der Armee bekämpft. Man denke an die Hinrichtung von Sayyid Qutb, einem der Gründer der Bewegung, 1966 durch Präsident Nasser, der ein Laizist war und sich als Revolutionär sah. Dessen Nachfolger im Präsidentenamt, Anwar as-Sadat, starb durch die Kugeln einer bewaffneten islamistischen Gruppe. Husni Mubarak hingegen hütete sich zwar vor dieser Opposition, hatte sie aber im Griff. Zum Beweis: Die Muslimbrüder haben sich in keiner Weise an der Revolution des Arabischen Frühlings auf dem Tahrir-Platz beteiligt. Erst später zu den Wahlen haben sie sich mobilisiert, bei denen sich ihr Vertreter Mohammed Mursi durchsetzen konnte.

Auch as-Sisi wollte zum Präsidenten der Republik gewählt werden, was ihm am 8. Juni 2014 gelang. Deshalb hat er sich selbst zum Generalfeldmarschall ernannt! Verrückt, wie sehr die Macht einen dumm und grausam werden lassen kann. Generalfeldmarschall! Warum nicht gleich Friedensnobelpreisträger? Schließlich hat Exgeneral as-Sisi die Muslimbrüder gestürzt und ihren Anführer ins Gefängnis geschickt. Er hat es getan, um den Frieden in Ägypten wiederherzustellen. Nein, er musste seine Macht unter Beweis stellen und einfache Oppositionelle zum Tod verurteilen lassen. Tatsächlich riskiert as-Sisi mit solchen Maßnahmen einen blutigen Bürgerkrieg.

Ab Anfang Dezember 2013 erarbeitete eine Kommission aus fünfzig Persönlichkeiten aller Tendenzen außer der islamistischen eine neue Verfassung, die im Januar 2014 in einem Referendum zwar mit überwältigender Mehrheit, jedoch mit geringer Wahlbeteiligung angenommen wurde. Der Islam ist weiterhin Staatsreligion, trotz der Existenz von fast 8 Prozent der Bevölkerung, die Kopten sind. Die 1962 von Sadat in die Verfassung eingefügte Scharia ist weiterhin im Text verankert. Neue Parlaments- und Präsidentschaftswahlen werden organisiert in der Hoffnung, dass zivile Kräfte an die Macht kommen. Doch General as-Sisi, der Mohammed Mursi absetzte und mittlerweile zum Oberfeldmarschall mutiert ist, erklärte im März 2014 seine Präsidentschaftskandidatur, und natürlich wurde er gewählt; seit dem 8. Juni 2014 ist er Präsident Ägyptens. In der gleichen Woche, in der er seine Kandidatur bekannt gab, ließ die Armee 529 Muslimbrüder zum Tode verurteilen! Diese Schmierenkomödie von pseudojuristischen Schnellverfahren knüpft an alte Gewohnheiten der Diktatur an. So ist das ägyptische Volk vorgewarnt. Jegliche Opposition wird hart und streng unterdrückt.

So ist der aus dem Arabischen Frühling hervorgegangene Prozess noch lange nicht beendet. Ägypten leidet seit mehr als einem halben Jahrhundert an den gleichen Krankheiten: Überbevölkerung, Korruption, fehlende Rechtsstaatlichkeit, Armut und schwieriges Erlernen der Demokratie, was dem religiösen Diskurs oder den Gewaltausbrüchen der Armee freien Lauf lässt. Das Land ist wie Algerien seit dem Aufstand der Offiziere 1952 immer von Militärs regiert worden.

Die US-Hilfe von etwas weniger als zwei Milliarden Dollar wurde suspendiert (diese Hilfe gibt es, seit der ägyptische Staat den Frieden mit Israel unterzeichnet hat, das mehr als das Doppelte erhält), Saudi-Arabien und die anderen Golfstaaten (außer Katar) haben den neuen Regierenden 16 Milliarden Dollar geschenkt, damit sie die dringendsten wirtschaftlichen Probleme angehen können.

Der im Januar 2015 verstorbene König Abdullah höchstpersönlich hatte den neuen ägyptischen Machthabern seine Unterstützung »im Kampf gegen den Terrorismus« angeboten. Er rief »die Ägypter, die Araber und die Muslime« auf, »sich all jenen zu widersetzen, die versuchen, das Land zu destabilisieren«. Sein Außenminister Prinz Saud ibn Faisal wurde noch deutlicher, indem er die Verantwortung für die Gewalttaten der Muslimbruderschaft zuschrieb. Die Golfstaaten leben zwar nach den Gesetzen der Scharia und befolgen das wahhabitische System eines harten Islam, doch sie haben Angst vor dem Vordringen der Muslimbrüder auf internationaler Ebene, denn sie fühlen sich von den Vorhaben dieser Bewegung unmittelbar bedroht.

Der Tourismus, der vorher die wesentliche wirtschaftliche Einnahmequelle des Landes war, ist tot oder fast abgestorben. Die Unruhen und Anschläge haben Unsicherheit hervorgerufen, die Ausländer davon abhält, in dieses schöne Land zu reisen. Zum anderen haben die höheren Offiziere weiterhin bei allen wirtschaftlichen Transaktionen die Hand im Spiel; dieses Geschenk hatte ihnen ehemals Expräsident Mubarak gemacht. Sie sollen 25 Prozent der Wirtschaft des Landes kontrollieren und darüber vergessen, Vorbereitungen gegen einen etwaigen Anschlag von außen zu treffen. Die Armee besetzt anscheinend in 29 Provinzen in der Wirtschaft die Spitzenposition. Die Arbeitskraft ist gratis, denn die Soldaten werden ja vom Staat bezahlt. Ein Beobachter hat die Behörden auf den Niedergang der taktischen und operationellen Fähigkeiten dieser Armee hingewiesen. Die von den USA gelieferten F-16-Flugzeuge und M1A1-Panzer sind nicht mehr einsatzbereit.

Tunesien, die Hoffnung

In Tunesien ernannten die Islamisten der Ennahda und die laizistische Opposition im Januar 2014 einen neuen Premierminister, den vorherigen Industrieminister Mehdi Jomaâ, der bis Februar 2014 amtierte. Seine Aufgabe bestand darin, einer apolitischen Interimsregierung vorzustehen und Wahlen für das erste Vierteljahr 2014 vorzubereiten. Wie in Ägypten gibt es fast keinen Tourismus mehr. Die politische Krise des Jahres 2013 hatten die Morde an zwei Politikern geprägt, dem Gewerkschaftler Chokri Belaïd und dem Oppositionsabgeordneten Mohamed Brahmi; die islamistische Regierung hatte den Terrorismus der extremistischen Salafisten nicht eindämmen können. Zwei Weltanschauungen und zwei gesellschaftliche Visionen stehen sich weiterhin gegenüber: die der Laizisten gegen die der Traditionalisten, hinzu tritt das Problem, dass es zu viele politische Parteien gibt. Jedoch war am 14. Dezember 2013 ein Gesetz über eine juristische Aufarbeitung des Übergangs verabschiedet worden. Es beruht auf Erfahrungen von Ländern wie Marokko und Südafrika, die nach jahrzehntelanger Unterdrückung auf Justiz und Versöhnung gesetzt haben. Dieses von der »Kommission für Wahrheit und Würde« vorgelegte Gesetz wurde von mehreren tunesischen politischen Kreisen als positiver Schritt erachtet. So hob der offizielle Sprecher des Ministeriums für Menschenrechte, Chekib Darwich, hervor, dass das Gesetz auf der Grundlage von Partizipation und der Einbeziehung aller betroffenen Parteien erarbeitet wurde.

Das ist ein Fortschritt für die Zukunft einer politischen Sanierung des Landes. Vor dem Hintergrund dieser Erwartungen hat der Baum des Arabischen Frühlings in Tunesien erste Früchte getragen. Zum ersten Mal schreibt ein arabisches und muslimisches Land in seiner neuen Verfassung gleiche Rechte für Männer und Frauen fest (»Die Bürgerinnen und Bürger sind ohne Unterschied gleich vor dem Gesetz.«), zugleich konnte die Scharia ausgehebelt werden, indem die Gewissensfreiheit eingeführt wurde (»Der Staat ist der Hüter der Religion. Er garantiert die Gewissens- und Glaubensfreiheit und die freie Ausübung der Religion.«). Der Staat garantiert auch die Ausdrucksfreiheit und verbietet körperliche und moralische Folter (»Folter ist ein unverjährbares Verbrechen.«).

Dank des Engagements der Zivilgesellschaft, insbesondere des Kampfs der Frauen, hat Tunesien nicht nur die islamistische Partei Ennahda in die Moscheen zurückgedrängt, sondern das Land auch für eine Moderne geöffnet, die im Rest der arabischen Welt sehr stark fehlt. Gleiche Rechte bedeuten, dass es weder Polygamie noch Verstoßung mehr geben wird, auch wird das Erbe nicht mehr nach islamischem Recht aufgeteilt, bei dem der Mann systematisch ein Teil und die Frau ein halbes Teil erhält: »Allah verordnet euch hinsichtlich eurer Kinder: Auf eines männlichen Geschlechts kommt (bei der Erbteilung) gleich viel wie auf zwei weiblichen Geschlechts« (Sure 4, Vers 11).

Die Gleichstellung ist auch ein Schritt in Richtung Parität bei der politischen Teilhabe und bei den Gehältern. In Europa wird ein Mann weiterhin besser bezahlt als eine Frau auf der gleichen Stelle. Vielleicht kann Tunesien Vorbild werden, indem es die Gegebenheiten von Grund auf verändert und mit Vorurteilen und Anachronismen aufräumt.

Die Gleichberechtigung von Mann und Frau ist genau das, was die Islamisten keinesfalls akzeptieren können. Denn hinter dem Missbrauch der Religion in der Politik steckt die Angst vor den Frauen, die Angst vor der befreiten Sexualität der Frau, die Angst des Mannes, die Vorherrschaft zu verlieren, die ihm manche Koranverse zugestehen. Der religiöse Integrismus ist besessen von der sexuellen Frage. Deshalb will der Mann die Frau verschleiern, sei sie seine Gemahlin, seine Schwester oder seine Mutter. Sie muss versteckt werden, unsichtbar bleiben. Das Begehren muss getötet werden, denn den Integristen zufolge resultieren alle gesellschaftlichen Probleme aus der Freiheit der Frau. Als Beispiel dient ihnen die westliche Welt, wo die Liberalisierung der Sitten die Familie zerstört habe.

Der Kampf der Tunesierinnen für die Befreiung von Mann und Frau hat eine lange Geschichte. Wir müssen anerkennen, dass der ehemalige Präsident Habib Bourguiba in den sechziger Jahren ein Programm der Befreiung der tunesischen Gesellschaft in die Wege geleitet hat. Zuerst hat er Tunesien das erste und fortschrittlichste Familiengesetz der arabischen Welt geschenkt. Dieser Status des Personengesetzes vom 13. August 1956 war ein wesentlicher Schritt auf dem Weg in die Modernität. Danach gab es einen Versuch der Laizisierung der Gesellschaft. Bourguiba hatte den Mut, während des Fastenmonats Ramadan im Fernsehen aufzutreten, und soll, bevor er ein Glas Orangensaft trank, gesagt haben: »Tunesien kämpft für seine wirtschaftliche Entwicklung; der Ramadan behindert diesen Kampf; doch im Krieg ist es den Soldaten erlaubt zu essen und zu trinken; ich gehe davon aus, dass wir in einem Krieg um Entwicklung stehen.« Wer seinen religiösen Überzeugungen dennoch folgen wollte, war frei, seinen Glauben zu praktizieren. Die anderen konnten ebenfalls frei öffentlich essen und trinken. Es war eine historische Entscheidung. Heute würde das äußerst gewaltsame Demonstrationen hervorrufen. Die Religion hat aufgrund der Frustrationen und politischen Enttäuschungen einen allzu wichtigen Platz im Leben der Menschen eingenommen. Deshalb markiert die neue tunesische Verfassung einen wichtigen Meilenstein in der Geschichte eines Frühlings, der sich fast in einen winterlichen Albtraum verwandelt hätte.

Ende Oktober 2014 erfolgte die erste demokratische Parlamentswahl, und am 6. Februar 2015 übergab Jomâa die Regierung an seinen Nachfolger Habib Essid, einen parteilosen Wirtschafts- und Sicherheitsexperten, nachdem dieser von der Volksrepräsentantenversammlung das Vertrauen ausgesprochen bekommen hatte. Doch die rückschrittlichen Kräfte haben noch nicht aufgegeben. Zwar akzeptierte Ennahda Habib Essid als Konsenskandidaten, kündigte aber an, sich nicht an der Regierung zu beteiligen. Die Salafisten sind nicht aus der tunesischen Landschaft verschwunden; von Zeit zu Zeit greifen sie die Polizeikräfte oder in Freiheit lebende Bürger an. Ihre Bewegung Ansar al-Scharia (»Verteidiger der Scharia«), die von einem afghanischen Kriegsveteranen, dem Tunesier Abu Iyade, geleitet wird, wurde von der Regierung als »terroristische Organisation« eingestuft.

Wenn Tunesien diese Veränderung in der Verfassung konsolidiert, wird mit dem Finger auf die ganze arabische Welt gezeigt werden, vor allem auf den algerischen Nachbarn, der das rückschrittlichste Familiengesetz Nordafrikas hat. Marokko wiederum hat zwar das Personengesetz verändert, jedoch die Erbschaftsfrage nicht angerührt.

Während heute Frauen in Arabien für das Recht demonstrieren, Auto zu fahren, folgen die Golfstaaten, insbesondere Saudi-Arabien und Katar, weiterhin dem starren wahhabitischen Ritual und wenden die Scharia an. Die westliche Scheinheiligkeit unterschreibt nur zu gerne saftige Verträge mit diesen Staaten und tut so, als wisse sie nicht, dass sie es mit den

Vorreitern der Regression zu tun hat. In naher Zukunft werden wir sehen, wie diese Länder auf die historische und außergewöhnliche Wende reagieren werden, mit einer Nation, die sich auf den Weg der Laizität begeben hat, denn diese ist nicht Ablehnung der Religion, sondern die Trennung von öffentlichem und privatem Raum, mit der Freiheit, zu glauben oder nicht zu glauben. Die neue tunesische Verfassung untersagt auch den Bezug auf Apostasie. In der Vergangenheit hat zum Beispiel Ägypten Bürger zum Tode verurteilt, die eine unorthodoxe Interpretation des Koran gewagt hatten. Sie wurden als Apostaten gebrandmarkt, vom islamischen Standpunkt her das absolute Verbrechen.

Libyen auf der Suche nach dem Rechtsstaat

Der libysche Frühling ist weit entfernt davon, Früchte zu tragen. Seit dem 20. Oktober 2011, als Gaddafi von der Menge gelyncht wurde, hat Libyen trotz der Befreiung von dieser Verbrecherfamilie keine gemeinsame Grundlage für einen Neubeginn gefunden. Denn es geht darum, einen Staat aufzubauen. Libyen besteht aus einem Konglomerat von Stämmen, die sich in fünf Hauptgruppen einteilen lassen. Vom 20. Juni 2012 an fanden mehr als eine Woche lang Kämpfe zwischen den Kombattanten der Stadt Zenten im Südwesten von Tripolis und Mitgliedern des Stammes der Machachia statt. Es gab 105 Tote und mehr als 500 Verletzte. Laut der Tageszeitung *Le Figaro* vom 17. März 2014 wurden »seit 2011 etwa 1200 Personen aus Rache, durch Kämpfe zwischen Milizen und durch kriminelle Handlungen umgebracht«.

Aufgrund eines zwanzig Jahre andauernden Embargos hat die Bevölkerung gelernt, mit der Krise zu leben. Seit der Wahl einer konstituierenden Versammlung am 7. Juli 2012 hat sich die politische Situation nicht in Richtung der Einführung eines Rechtsstaats entwickelt. Aktivisten, wahrscheinlich von al-Qaida, und bewaffnete Nostalgiker des Gaddafismus unterhalten das Chaos. Bekanntlich gründeten zudem im November 2013 »föderalistische Gruppen« in Kyrenaika, dem historischen Ort des Kampfs gegen Gaddafi, eine »autonome Regierung«. Der Flughafen Tripolis wird vom Stamm der Zintani kontrolliert. Während Libyen vorher 1,5 Millionen Barrel Rohöl pro Tag produzierte, kommt es heute nur auf 250 000. Angeblich hat ein nordkoreanischer Erdöltanker im Hafen von Sidra Rohöl aufgenommen und ist ohne zu bezahlen abgefahren.

Inmitten dieser chaotischen Zustände wurde der Premierminister Ali Seidan am 11. März 2014 durch ein Misstrauensvotum des Parlaments abgesägt. Er zog es vor, nach Deutschland zu ziehen, wo ein Teil seiner Familie lebt. Sein Nachfolger Abdullah Thenni erklärte bereits zwei Mal seinen Rücktritt, amtiert aber auf Aufforderung des Parlaments nach wie vor.

Doch ohne Stabilität, ohne feste politische Strukturen kann Libyen seine Revolution nur schwer zu einer friedlichen Ära führen, in der das Recht Vorrang hat. Die chaotischen Zustände haben den Terroristen ermöglicht, sich mit Waffen einzudecken, was zur Destabilisierung Malis durch Horden von Söldnern beitrug, die unter dem Deckmantel des Islam Geiseln nehmen und mit Drogen handeln.

Syrien, eine von Putin, dem Iran und ein paar Söldnern geplante Tragödie

In Syrien scheint der Plan der Iraner und Russen zur Unterstützung Baschar al-Assads aufzugehen, und ihre Manöver treiben die oppositionellen Rebellen in eine Schlacht zwischen extremistischen Islamisten und demokratischen Laizisten, die weder aus Europa noch aus den USA Unterstützung erhalten. Seltsam und paradox: Der Iran kämpft dort gegen von Katar und Saudi-Arabien unterstützte Islamisten. Die Hisbollah, eine vom Iran bewaffnete und unterstützte »Partei Gottes«, steht auf der Seite von Assad. Es war Putins geniale Idee, Assad dazu zu bewegen, den Rebellen jegliche Legitimität und Glaubwürdigkeit zu entziehen, indem er sie von Extremisten unterwandern ließ, die die christliche Bevölkerung Syriens bedrohten. Dieses Szenario hat so gut funktioniert, dass es die Gegner Assads überzeugt hat, Vorsicht walten zu lassen und jegliche Unterstützung für eine Rebellion abzulehnen, die bei einem etwaigen Sieg eine islamische Republik mit Vertretern von al-Qaida verkünden könnte.

Nach vier Jahren Kämpfe und mehr als 190 000 Toten, hauptsächlich Zivilisten, darunter 10 000 Kinder (Zahlen der UNO von August 2014), mit Tausenden syrischer Flüchtlinge im Libanon und im übrigen Nahen Osten, ist Baschar al-Assad dabei, seinen Krieg gegen das eigene Volk zu gewinnen. Indessen beobachten die westlichen Staaten ohne jede Reaktion diese Tragödie, die dem vom Assad-Klan verkörperten absoluten Bösen zum Sieg verhilft; damit triumphiert das zur Institution erhobene Verbrechen gegen die Freiheit.

Die syrische Tragödie ist die schlimmste Erschütterung, die die arabische Welt seit der Niederlage der Araber gegen Israel erfahren hat. Schon der libanesische Bürgerkrieg war ein Krieg aller gegen alle, stupide und unnütz. Doch dies ist ein Krieg, der von mindestens drei Ländern gegen ein Volk geführt wird, das im März 2011 begann, friedlich zu demonstrieren und auf die Kugeln der Armee des Alawitenklans stieß.

Putin hat den Sieg des Verbrechens und seine Legitimität gesichert; er hat diesen Krieg geplant. Es ist eine Schande für die zivilisierte Welt; sie werden behaupten, »es war komplex«, um eine Passivität zu rechtfertigen, die diesen schändlichen Sieg ermöglicht hat. Die Verantwortung der arabischen Staaten ist enorm. Natürlich waren alle damit beschäftigt, die Ordnung auf den eigenen Straßen wiederherzustellen. Die Liga der arabischen Staaten hat oftmals ihre Unfähigkeit, in der Region irgendetwas zu bewegen, unter Beweis gestellt. Die Völker wissen das und ignorieren manchmal sogar die Existenz dieser Institution, die nur ihren Mitgliedern nutzt, die unaufhörlich reden und nichts tun.

Marokko, ein Ausnahmefall

In diesem unfertigen Gemälde erscheint Marokko wie ein Ausnahmefall; es hat dort keinen Frühling im Sinn einer gewaltsamen Infragestellung des Regimes gegeben. König Mohammed VI. hat den Reformen vorgegriffen mit einer neuen Verfassung und darauf folgenden freien und transparenten Wahlen, bei denen die nicht gewalttätige islamistische Partei für Gerechtigkeit und Entwicklung (PJD) die Mehrheit errungen hat. Der König berief am 29. November 2011 den Parteichef Abdelilah Benkirane zum Premierminister, dieser bildete eine Koalitionsregierung und amtiert bis heute. Das Land funktioniert trotz schwer einzudämmender Krankheiten wie Korruption, Ungleichheit und einem gewissenlosen liberalen Wirtschaftssystem. Das Wachstum beträgt 4 Prozent, und die Prognosen sind optimistisch. Doch der sehr dynamische König arbeitet ohne Unterlass, um aus Marokko ein »Schwellenland« zu machen, das sowohl gegenüber dem Westen als auch gegenüber Afrika offen ist.

Dem Land ginge es noch besser, wenn es nicht mit den Machenschaften des algerischen Nachbarn zu kämpfen hätte, der jede Lösung des Saharaproblems blockiert, das doch eine endgültige politische Lösung bitter nötig hat.

Die Lage ist weder ganz rosig noch ganz grün. Manchmal ist der Widerstand gegen die Modernität stärker als der Prozess der Veränderung und der Demokratisierung. Die Menschen sind ungeduldig. Sie wollen umfassende schnelle Veränderung, doch wir vergessen, dass die arabische Welt aus einer sehr unterschiedlichen Vielfalt besteht, jedoch einen gemeinsamen Nenner hat: die Nichtanerkennung des Einzelnen. Die Revolution kann erst vollständig sein, wenn sie den Aufstieg des Einzelnen, des Individuums, in der Gesellschaft ermöglicht. Das hat im Besonderen die Französische Revolution geleistet.

Warum der Arabische Frühling den Islamisten zugutekommt

Warum haben die arabischen Revolten eher dem Islamismus genutzt als der Demokratie, obwohl die religiösen Aktivisten diese Volksaufstände weder eingeleitet noch wirklich an ihnen teilgenommen haben?

Der erste offensichtliche Grund ist der Mangel an Demokratie in den betroffenen Ländern; die Organisation von Wahlen ist eine Technik und keine verwurzelte Kultur. Bis jetzt ist kein einziger arabischer Staat zum Rechtsstaat geworden.

Der zweite Grund beruht auf den von der internationalen Wirtschafts- und Finanzkrise hervorgerufenen Verunsicherungen. Das Religiöse wird zur metaphysischen Zuflucht. Angesichts der Absurdität des virtuellen Geldes, angesichts der Spekulation, die Millionen Haushalte in den Ruin treibt, stellt der Muslim seine Religion zur Schau; er schiebt sie vor und nutzt sie als magischen und vor allem beruhigenden Schild. Der Islam ist vom Prinzip her versöhnlich. Er rät zu Langmut und zur Berufung auf Gott. Zum Beispiel haben das tunesische und ägyptische Volk mehrheitlich den Islam als Kultur und Identität gewählt. Anscheinend fühlen sie sich beim täglichen Ausüben dieser Religion wohl und sind stolz darauf. Das liegt auch daran, dass die sie jahrzehntelang knechtenden Diktaturen als Auswüchse der westlichen Politik empfunden wurden. Der Westen insgesamt – Europa und Nordamerika – wird als Komplize dieser Diktatoren angesehen, aber auch als Zulieferer einer laizistischen Kultur, die im Widerspruch zu den altehrwürdigen Traditionen einer Gesellschaft steht, in der der Islam immer als Moral und Quelle einer großen Zivilisation gelebt wurde. Die Islamisten verstehen die Laizität nicht als Trennung von Religion und Staat, sondern als Negierung der Religion, versteckten Atheismus, der sich nicht offen zu zeigen wagt. Zwar gibt es eine Zivilgesellschaft, die die Laizität zu ihrem bevorzugten Thema macht, doch sie ist in der Minderheit und wird mit trügerischen und demagogischen Argumenten bekämpft, in manchen Fällen sogar mit verbrecherischer Gewalt.

Der Islam als Ideologie, Moral, Kultur und Identität behauptet seinen Platz! Die Tendenz ist eher integristisch, denn sie folgt dem Wahhabismus. In den neunziger Jahren haben Wahhabiten aus Saudi-Arabien in Algerien Marabut-Denkmäler zerstört, da sie das Prinzip der Heiligkeit als illegitim und antimuslimisch ansahen. Andere Aktivisten dieser Bewegung haben vor kurzem Mausoleen in Tunesien zerstört, in denen von der Öffentlichkeit als Heilige angesehene Persönlichkeiten begraben waren. Am 20. Mai 2012 haben salafistische Aktivisten mit geschwungenen Säbeln in Kairouan demonstriert, den Namen Bin Ladens skandiert, und, der Webseite kapitalis. com zufolge, zur »Hinrichtung von Juden, Laizisten und Ungläubigen« aufgerufen. Nach offiziellen Schätzungen sind 400 Moscheen von 5 000 in den Händen dieser gewaltbereiten Radikalen, die im Übrigen auch in den Parks Jagd auf Verliebte machen.

Dieser triumphierende Islam verbreitet ohne viel Aufwand Beruhigung. Auf den Gesichtern der islamistischen Anhänger und Anführer sieht man einfältige Zufriedenheit. Sie sind glücklich. Ihre Kultur wurde weder von außen importiert noch von der westlichen Welt aufgezwungen. Sie spüren, dass ihren Plänen nun nichts mehr im Weg steht.

Doch es regt sich Widerstand. Am Sonntag, dem 27. Mai 2012, fand in Casablanca eine große Demonstration gegen die Politik der islamistischen Regierung und für die Menschenwürde statt. Auch wenn die von manchen Ministern vorgeschlagenen Reformen verschoben oder abgewehrt wurden, gibt es in der Gesellschaft weiterhin den Willen zur Islamisierung. Die Marokkaner haben sich schon immer dem Islam zugehörig gefühlt, ohne es laut zu verkünden. Sie brauchen heute keine Erinnerung an diese Dimension, die ein gewachsener Bestandteil ihres Lebens ist.

In unserem Land ist Toleranz Tradition; sie verschwindet bloß, wenn Jugendliche während des Ramadan öffentlich essen oder sich insbesondere in der Musik auf eine internationale Kultur berufen. Am Abend des 24. Mai 2012 habe ich in Rabat beim internationalen Musikfestival Mawazine gesehen, wie eine Menge von geschätzt mehr als hunderttausend Jugendlichen beim Auftritt der Hardrockgruppe The Scorpions im Chor mitsangen und Fanclub-Banderolen dieser überschwänglichen Rocker schwenkten. Das Gleiche geschah bei den Auftritten des jamaikanischen Sängers Jimmy Cliff (der zum Islam konvertiert ist), von Lenny Kravitz und Mariah Carey. Die Islamisten und ihre Medien haben dieses Festival bekämpft. Doch es wurde zum Glück durchgeführt, denn so konnte die breite Öffentlichkeit mehreren Gratiskonzerten beiwohnen. Die Schirmherrschaft von König Mohamed VI. spielte dabei keine geringe Rolle. Dieser Staatschef ist sehr geschickt: Er diskutiert mit seinem Regierungschef, mäßigt, gibt Ratschläge und unterstützt zugleich kulturelle Vielfalt und öffnet Marokko der Welt.

Marokko ist ein interessanter Fall, denn es gibt eine dynamische Zivilgesellschaft, die den Islamismus nur als Etappe im Demokratisierungsprozess des Landes ansieht. Eine Etappe, die von der Presse und den Protestbewegungen aufmerksam verfolgt wird. Es gibt jedoch auch hier negative Aspekte: den Prozess gegen den Karikaturisten Khalid Gueddar und die Verurteilung des Rappers Mourad Belghouat zu einem Jahr Gefängnis. Die Islamisten haben weder Verständnis für Humor noch für Spott.

Ein letzter Punkt begünstigt den Sieg der Islamisten so ziemlich überall in der arabischen Welt: In Europa wird die Angst vor dem Islam immer stärker geschürt von Politikern und Intellektuellen, die von »grünem Faschismus« und Bedrohung der europäischen Identität sprechen. Sie übernehmen die Thesen des amerikanischen Journalisten Christopher Caldwell, der über den Aufstieg des Islam als Religion in Europa recherchiert hat und in einem Interview behauptet: »Der Islam hat gute Chancen, demografisch und philosophisch zu siegen«, er sei jedoch nicht »mit der europäischen Kultur vereinbar«. Diese Auffassung hat die latente Islamophobie verstärkt, die der extremen Rechten in Europa beunruhigenden Zulauf verschafft hat, wie in Norwegen, Finnland, den Niederlanden und Serbien, ganz zu schweigen vom Erfolg des Front National in Frankreich und der Schweizer Demokraten sowie der Nationalistischen Partei der Schweiz (26,6 Prozent). In Deutschland, wo die rechtsextreme NPD seit Jahren keine Wahlerfolge vorweisen kann, bewies die Pegida-Bewegung, wie viele Menschen sich durch die Furcht vor einer vermeintlichen Islamisierung mobilisieren lassen.

Am Ende ist die Angst vor dem Islam ein guter Verbündeter von Extremismus und Rassismus. Manche Islamisten benutzen die gleichen Kriegslisten, um alles Westliche zu verdammen, vor allem aber jeden Versuch eines Dialogs der Religionen zu verhindern. Durch ihre provozierende Haltung stellen sie sich gegen die demokratischen Werte und beunruhigen die europäische Bevölkerung.

Heute geht es in der arabischen Welt um die Zukunft der Moderne. Im Moment scheint die Regression die Überhand zu gewinnen.

V

Wie steht es
seit dem 7. Januar 2015
in Frankreich?

Nach dem Gebet vom 9. Januar in der Großen Moschee im fünften Arrondissement von Paris strömten die Gläubigen mit Transparenten auf die Straße, auf denen auf dem Hintergrund der französischen Fahne stand: »Hände weg von meinem Land«. Das bezog sich auf die Parole der Organisation SOS Racisme »Hände weg von meinem Kumpel«. Das bedeutet, die meisten französischen Muslime fühlen sich ganz und gar als Franzosen und möchten von der Mehrheit der Gesellschaft auch als solche angesehen werden. Andere Schilder besagten, die Terroristen, die die Journalisten von *Charlie Hebdo* getötet haben, und der Geiselnehmer in einem koscheren Supermarkt »sind keine Muslime«. So betonten sie nicht nur den Willen, Staatsbürger wie alle anderen zu sein, sie verurteilen auch ohne Wenn und Aber jene, die vorgeben, im Namen des Islam zu handeln.

Auch außerhalb von Paris haben die Imame mehrerer Moscheen in Frankreich diese Verbrechen entschieden verurteilt. Auf Twitter jedoch haben sich Randgruppen über die Morde an den Zeichnern von *Charlie Hebdo* gefreut. Die sechs Millionen Muslime in Frankreich können ihre Ablehnung des im Namen des Islam begangenen Terrorismus noch so oft und so laut betonen, die meisten Franzosen verdächtigen sie dennoch weiterhin. Es ist schwer, Mohammeds Religion für unschuldig zu erklären; nicht weil sie schuldig wäre, doch seit Jahrzehnten bereiten Islamisten in den Vororten, Moscheen und Gefängnissen dem Terror den Boden. Sie sind ziemlich effizient, denn sie bieten den Jugendlichen eine starke Identität, ein Ideal mit Zukunftsperspektive. Der Islam ist nun mehr als eine Religion, er ist auch Moral und Kultur, was Frankreich Tausenden junger Franzosen aus Einwandererfamilien bisher verwehrt hat. Vor diesem Hintergrund wird es einfach, junge Menschen für die Ausbildung in Trainingslagern im Irak, im Jemen, in Pakistan oder Libyen anzuwerben. Innerhalb weniger Wochen wird eine Gehirnwäsche durchgeführt. So haben al-Qaida und jetzt auch der IS Tausende Jugendlicher rekrutiert, die bereit sind, ihr Leben für den weltweiten Triumph des Islam zu geben.

In Frankreich hat sich der Staat nicht ernsthaft und tiefgreifend mit dem Zustand der Vorstädte beschäftigt, wo Jugendliche leben und gerade mal überleben, ohne jede Struktur, bereit zu jedem Abenteuer vom Drogenhandel bis zum Gewaltverbrechen. In diese vom Staat leer gelassene Lücke dringen die islamistischen Anwerber vor. Zum anderen haben der zunehmend rassistische Diskurs des Front National, gepaart mit der Infragestellung der Grundlagen der französischen Identität durch eine Strömung von Intellektuellen, die die Einwanderer und ihre Kinder beschuldigen, diese Identität zu verwässern, die Expansion des Islamismus in den Reihen dieser Jugendlichen ermöglicht, die in ihrem Geburtsland nicht selbstverständlich als Franzosen anerkannt werden.

Die Anschläge vom 7. Januar 2015 am Tag der Veröffentlichung von Michel Houellebecqs Roman *Soumission* (Titel der deutschen Ausgabe: *Unterwerfung*) haben Frankreich einen Fausthieb in den Solar Plexus versetzt. Das Land war wie betäubt, traumatisiert, tief verletzt. Houellebecq hat daraufhin die Werbetour für sein Buch abgebrochen, das Frankreich im Jahr 2022 als von einem muslimischen Präsidenten regiert darstellt, der die Frauen in die Küche zurücktreibt und Polygamie erlaubt.

Vor Houellebecq hat der polemische Journalist Eric Zemmour ein Buch namens *Le suicide français* (»Der französische Selbstmord«) veröffentlicht, in dem der Niedergang Frankreichs auf den schädlichen Einfluss der 68er-Bewegung zurückgeführt wird, auf die Einwanderung, die Homosexuellenehe und den Feminismus. Dieses sehr konservative reaktionäre Buch hatte ausnehmend großen Erfolg im Buchhandel (mehr als 400 000 verkaufte Exemplare). Zemmour stellt sich objektiv gesehen hinter die Thesen des Front National, auch wenn er erklärt, das nicht gewollt zu haben.

Vor diesem Hintergrund von Angst, Aufhetzung zum Hass gegen den Islam und Ablehnung der nichteuropäischen Ausländer fanden die Anschläge statt, die neunzehn Menschenleben und ein Dutzend Verletzte forderten.

Das Problem ist: Was auch immer die französischen Muslime tun, sie haben ein schlechtes Image. Darunter leiden sie. Doch das ist nichts Neues. Lange vor den Anschlägen hat der Diskurs der extremen Rechten und gewisser Intellektueller den Islam an den Pranger gestellt und als mit der Demokratie inkompatibel angegriffen. Die Franzosen haben Angst, oder besser gesagt, man macht ihnen Angst. Der Front National hat die Angst zu seinem Credo gemacht. Er prangert die Einwanderung an, als wären Millionen Einwanderer Eindringlinge, die nur von den sozialen Wohltaten Frankreichs profitieren wollten; sie werden für die Arbeitslosigkeit verantwortlich gemacht.

Diese Argumente sind nicht haltbar. Wie der amerikanische Wirtschaftswissenschaftler Tyler Cowen in einem Artikel in der *New York Times* unter dem Titel »Eine Wirtschaftsstrategie für die entwickelten Länder: mehr Einwanderer aufnehmen« erklärte: »Die westlichen Länder sollten sich um den Alterungsprozess ihrer Bevölkerung sorgen, statt die Einwanderung anzuklagen.« Er nennt Japan als Beispiel, wo seit 1997 die Verringerung der arbeitenden Bevölkerung der wirtschaftlichen Performance des Landes geschadet hat. Wenn morgen wie durch das Schwenken eines Zauberstabs alle muslimischen Einwanderer in ihre Ursprungsländer verschwänden, würde in Frankreich Stillstand eintreten; das Land würde sowohl wirtschaftlich als auch demografisch zusammenbrechen.

So ist Frankreich hin- und hergerissen zwischen einer zunehmend erstarkenden extremen Rechten einerseits (Umfragen sagen voraus, deren Kandidatin Marine Le Pen werde 2017 die zweite, entscheidende Runde der Präsidentschaftswahl erreichen) und seinen Traditionen der Aufnahme und des Asyls für Fremde andererseits; zwischen einer Rechten, die den Rückzug auf sich selbst und die Schließung der Grenzen fordert, und einer Linken, die ihren humanistischen Prinzipien treu bleiben will.

Doch die Anschläge vom 7. und 9. Januar, die ganz Frankreich erschütterten, verändern das Land. Am Sonntag, dem 11. Januar, führte – zum ersten Mal seit François Mitterrand 1990 nach der Schändung der jüdischen Gräber als Präsident öffentlich demonstrierte – ein französischer Präsident eine Demonstration an, zusammen mit seinen europäischen Kollegen: die bedeutendste Protestversammlung Frankreichs seit dem Zweiten Weltkrieg. Alle Bürger waren eingeladen, schweigend zu demonstrieren. Alle außer den Anhängern des Front National. Dieser Ausschluss passt dieser Partei, die immer schon gejammert hat, sie werde nicht wie andere Parteien behandelt.

Wird das etwas am Alltag der muslimischen Einwanderer und ihrer Kinder ändern? Dafür braucht es eine neue Politik, eine ernsthafte Beschäftigung mit den Vororten und eine Anerkennung der Zugehörigkeit jener jungen Franzosen, die sich bisher selbst überlassen bleiben und zu Opfern des Rassismus werden, wenn sie Arbeit suchen oder sich in Nachtclubs amüsieren wollen.

Der Islam wird auf lange Zeit ein Schreckgespenst bleiben; er wird Angst machen und sich nur schwer in das soziale Gewebe Frankreichs und Europas einfügen können. Daher sollten sich die Behörden um die Rekrutierung von Imamen kümmern, ihre Predigten kontrollieren, jegliche Finanzierung aus dem Ausland wie aus Saudi-Arabien oder dem Iran unterbinden; sie sollten auch in den Gefängnissen arbeiten, die zum idealen Ort für Indoktrinierung und – bei der Entlassung – Rekrutierung für den Dschihad geworden sind. Schließlich muss in den Schulen viel getan werden, die Schulbücher sollten überarbeitet und Kurse zu Rassismus und Religionsgeschichte eingeführt werden.

Frankreich ist verwundet. Über die Wirtschaftskrise, die die Arbeitslosigkeit anwachsen lässt, über seinen Einsatz in Nordmali und gegen den IS hinaus muss es die eigene Gesellschaft befrieden, effizienter gegen Rassismus und Antisemistismus vorgehen. François Hollande hat den Kampf gegen den Rassismus 2015 zur »Nationalen Angelegenheit« gemacht. Doch der Rassismus wird nicht wie durch ein Wunder am 1. Januar 2016 vom Erdboden verschwunden sein.

Das Aufbegehren des französischen Volkes am 11. Januar – nach Schätzungen haben fast 4 Millionen Menschen im ganzen Land Seite an Seite friedlich demonstriert – wird wahrscheinlich einiges verändern. Die Gleichsetzung von Islam und Islamismus wird allmählich zurückgedrängt. An den Demonstrationen nahmen muslimische Frauen und Männer teil; sie trugen Schilder mit der Aufschrift »Ich bin Muslim, ich bin Jude, ich bin Charlie«. Das wurde von allen Beobachtern zur Kenntnis genommen. Nun müssen sich die Muslime organisieren und die Bildung der Jugendlichen übernehmen, von denen viele sich selbst überlassen bleiben und daher leichte Beute für den politischen Islamismus und die Anwerber des Dschihad werden. Etliche Imame haben versprochen, daran zu arbeiten. Es gibt viel zu tun, insbesondere in den Mittelschulen des Departement Seine-Saint-Denis nahe Paris, wo französische Schüler mit Migrationshintergrund die Schweigeminute zu Ehren der Opfer des Terrorismus verweigert haben. Die Behörden müssen auch einen konsequenten Plan für die Sanierung der Vororte ausarbeiten und umsetzen, den in schwierigen Milieus arbeitenden Vereinigungen Mittel zur Verfügung stellen, damit die Jugendlichen nicht mehr vom todbringenden Abenteuer angelockt werden.

Die Politiker haben begriffen, wo die Ursache des Übels liegt. Vielleicht wird Frankreich nach diesen tragischen Ereignissen, die alle außerordentlich erschüttert haben, endlich eine Politik gegenüber einer Generation junger Franzosen entwickeln, die sich aus Mangel an Kultur und Bildung von maskierten Kriegstreibern anheuern lassen. François Hollande geht gestärkt aus dieser Prüfung hervor. Seine Präsidentschaft hat endlich etwas herausragend Positives vorzuweisen. Die Zukunft wird zeigen, ob er diesen Weg weiterverfolgt.

Gelebte Demokratie, die Umma Islamiya und das Attentat vom 14. Februar 2015 in Kopenhagen

Als ich noch ein Kind war, sprach mein Vater oft von Dänemark und Schweden als Beispiel für zivilisierte Länder mit wahrer Demokratie, in denen Bürger Rechte und Pflichten haben. Ich erinnere mich daran, wie er seufzte, als wolle er uns klarmachen, dass wir anderen davon noch weit entfernt waren. Er war kein reicher Mann und hat nie in diese Länder reisen können. Er war fasziniert von der Gleichstellung aller Bürger, von Männern und Frauen und vor allem vom Respekt vor der Monarchie als symbolisches System, das sich aber keinerlei Eskapaden und Extravaganzen erlaubt. Er erinnerte auch an die Haltung Dänemarks gegenüber den Juden zur Zeit der Gaskammern. Kurz, er liebte diese Länder und ihre Kulturen. Mein Vater war ein guter Muslim. Er war diskret, verrichtete seine Gebete und zwang zu Hause niemanden, es ihm gleichzutun. Bei Tisch sprachen wir nie über Religion, doch er erinnerte gerne daran, dass in jedem Fall »im Islam jeder Einzelne vor Gott für seine Handlungen verantwortlich ist«; er zitierte dazu zwei Koranverse: »Kein Zwang in der Religion« (Sure 2, Vers 256) und »Ich habe meine Religion und Ihr habt die Eure« (Sure 109, Vers 6). Damit war alles gesagt. Zu jener Zeit kam der Islam nicht über die Schwelle der Moschee oder des Wohnhauses hinaus. Wir lebten in einem ruhigen Marokko mit einem friedlichen und Frieden stiftenden Islam.

Eine meiner ersten Reisen außerhalb Marokkos führte mich in die nordeuropäischen Länder. Ich suchte nach dieser freiheitlichen und bürgerrechtlichen geistigen Verfassung. Außer dem Alkoholismus, dessen Verwüstungen man vor allem am Freitag- und Samstagabend beobachten konnte, funktionierten diese Länder in strikter Beachtung der demokratischen Regeln. Ich kann mich an einen Außenminister erinnern, der seine Besorgungen auf dem Fahrrad machte; ich erfuhr, dass ein anderer Minister in einer kleinen Wohnung lebte wie ein gewöhnlicher Arbeiter. Ich erinnere mich an höfliche, zivilisierte Umgangsformen. Keine ungerechtfertigten Vergünstigungen, keine Arroganz im Namen der Macht. Mir gefiel diese Gleichstellung zwischen den Bürgern und den obersten Verantwortlichen. Das hieß nicht, dass alles perfekt lief, doch die Menschen verhielten sich in vielem sehr korrekt. Es sind offensichtlich Länder der Freiheit. Dieser Ausdruck ist keine leere Hülse, er ist weder eine Spielerei noch ein Klischee, das man einsetzt, um gewählt zu werden.

Ich habe die dänische Fernsehserie *Borgen* leidenschaftlich gerne gesehen und mich in diese Frau verliebt, die Premierministerin wurde und sich zugleich weiter um ihre Familie kümmerte, auch wenn am Ende ihre Ehe durch die Politik zerbrach. Meiner Meinung nach sollte diese Serie in den Schulen der arabischen und muslimischen Länder gezeigt werden, nur um ein Beispiel für funktionierende Demokratie ohne Mauscheleien zu sehen.

Als 2005 der *Jyllands-Posten* Karikaturen des Propheten Mohammed veröffentlichte, war ich weder erstaunt noch empfand ich es als Skandal. Blasphemie ist Teil dieser Ausdrucksfreiheit. In der arabisch-muslimischen Welt gehört das weder zur Kultur noch zu den Gewohnheiten. Als man mir als Schriftsteller muslimischer Kultur diese Frage stellte, sagte ich: »Für mich stellen diese Karikaturen den Propheten nicht dar, denn er ist ganz einfach ein Geist, kein Greis mit einem Turban und einer Bombe; das hat für mich keine Bedeutung, und ich finde, jeder kann zeichnen, was ihm durch den Kopf geht; am besten man macht kein großes Aufheben darum.«

Leider ist das Aufheben schnell zur Tragödie geworden mit Massendemonstrationen in Pakistan, im Jemen und in vielen anderen muslimischen Ländern. Es gab Dutzende Tote. Da habe ich begriffen, dass sich die nordeuropäischen und muslimischen Länder niemals verstehen können. Zwei Welten, zwei Weltanschauungen, zwei kulturelle Haltungen, zwei glühende Widersprüche. Die Geschichte der Gesellschaften unterscheidet sich durch Prüfungen, die in jedem Land anders sind. Die oft absolute Freiheit der nordeuropäischen Länder ist nicht verhandelbar. Das liegt daran, dass es sich um Gesellschaften handelt, die den Einzelnen als einzigartige und besondere Einheit anerkennen. In der arabisch-muslimischen Welt ist der Einzelne bisher nicht in Erscheinung getreten. Was zählt, ist die Umma (die muslimische Nation), der Klan, der Stamm und die Familie. Man verschmilzt mit diesem Begriff, der alle umfasst; dadurch wird Laizität, die Trennung des Religiösen vom öffentlichen Raum, von der Politik, unmöglich. Daher stammt auch die Situation der Frau, die oft so beklagenswert ist. Diese ganze Umma fühlte sich von den Karikaturen gedemütigt. Wie kann man ihr auch erklären, dass diese Blasphemie der Geschichte einer Gesellschaft angehört, die nichts mit der Umma gemein hat. Die Wunde war tief, und der Wille, zu strafen und sich zu rächen, kam in kulturell leeren Köpfen auf, die unfähig sind, andere als ihre eigenen Riten zu akzeptieren.

Diese Diskrepanz ist schwerwiegend, weil sie nicht nur in Islamabad, Kairo oder Sanaa gelebt wird, sondern auch Teil der europäischen Gesellschaft ist: Es sind Kinder aus Einwandererfamilien, die Anschläge begangen haben, sei es im März 2004 in Madrid, im Juli 2007 in London, im Januar 2015 in Paris oder am 14. Februar 2015 in Kopenhagen, wo zwei Menschen starben und fünf weitere verletzt wurden. Das Schema von Paris wurde nachgestellt: Die Debattier- und die Schaffensfreiheit wurden zuerst angegriffen, danach die jüdischen Mitbürger. Der gleiche Hass, die gleiche Ignoranz, der gleiche Wille, aus dem Islam eine blutige Religion zu machen. Sicher ist es ein isolierter Akt. Damit will ich sagen, dass im Hintergrund keine gut strukturierte Organisation stand. Der Lebenslauf Omar el-Husseins ist dem der Kouachi-Brüder sehr ähnlich: Kleinkriminalität, Überfälle, Gefängnis, Radikalisierung, Freilassung, und dann geht es um Rache und darum, ein paar Minuten lang im Rampenlicht zu stehen. Das hat diesen Mann dazu bewegt, Unheil anzurichten. Dieses Leben im Zeichen des Bösen kommt nicht wie ein plötzliches Fieber. Es wird von einem ganzen Umfeld vorbereitet, geprägt von einer Unkultur, in der Videobilder eine bedeutende Rolle spielen.

Also, Europa hat anonyme Ungeheuer produziert, die es nicht sieht, bis dann eines Tages ein Kouachi oder ein el-Hussein zur Tat schreiten. Die Ersetzung des Überlebensinstinkts durch die Todessehnsucht geschieht schnell: den Tod geben, den Tod selbst empfangen. Sobald ein Europäer und ein Fanatiker nicht mehr die gleichen Ängste haben, wird der Krieg nicht mehr auf Augenhöhe geführt, nicht mehr mit einer Logik, die das menschliche Leben wertschätzt.

Widerstand

Der Angriff auf *Charlie Hebdo* war eine Kriegshandlung. Doch die ermordeten Journalisten waren keine Krieger. Sie verbreiteten weder Hass noch Vorurteile. Sie waren Dichter, Spötter, Narren der Freiheit, Genies, die mit Farbstiften, kluger Vorstellungskraft und aufklärerischem Licht kämpften. Es ist ein Krieg gegen das freie Schreiben, Zeichnen und Schaffen. Ein gesichtsloser Krieg gegen die Laizität, die Tradition der Satire, des Humors, der Verspottung, der harten fruchtbaren Kritik. Am liebsten hätten die Terroristen Voltaire, Montaigne und Rabelais ausgegraben und ihre Werke auf dem Scheiterhaufen verbrannt.

Frankreich führt einen wichtigen Kampf. Es sollte eigentlich wissen, dass es bedroht und eine vorrangige Zielscheibe für diejenigen ist, die es im Namen der Werte seines Kulturerbes und seiner Ehre bekämpft. Seine Soldaten stehen an der Front und jagen Terroristen, die im Namen des Islam äußerst barbarische Massaker begehen, Unschuldige abschlachten, Frauen und Mädchen entführen, sie vergewaltigen und dann als Sklavinnen verkaufen. Frankreich hatte geglaubt, von diesem Horrorszenario nicht direkt betroffen zu sein. Leider ist es jedoch auf die abscheulichste Weise verletzt worden. Wir alle haben bei dieser Schlächterei Freunde verloren. Die Freiheit hat einige ihrer vornehmsten Bürger verloren, Visionäre, Aufklärer, die das Tagesgeschehen mit seltener Klarsicht entschlüsselten. Es muss klargestellt werden: Auch wenn die Mörder »Allah Akbar« geschrien haben, sie haben auch gegen den

Islam und die Muslime gehandelt. Es ist eine Kriegserklärung gegen die Demokratie, deren Institutionen und Gesetze einen republikanischen Islam ermöglichen. Das haben die französischen Muslime schon lange verstanden; vielleicht stehen sie nicht genug auf, um diese Mörder entschieden zu verurteilen, die den Islam und die Botschaft des Propheten durch den Dreck ziehen. Die Muslime werden selten in populäre Sendungen eingeladen. Heute wissen sie mehr als je, dass sie dem Verwischen, den Verdächtigungen und dem Misstrauen nicht entgehen können, auch wenn die Politiker das Gegenteil behaupten. Wenn wir diese Verschiebung mitmachen, fallen wir auf das Spiel der gewissenlosen, entschlossenen, grausamen Mörder herein.

In letzter Zeit schien die Jagd auf den Islam und die Muslime eröffnet worden zu sein, sie wurden ständig stigmatisiert, mit dem Finger wurde auf sie gezeigt, sobald ein gewisses Frankreich an Selbstvertrauen verlor oder sich dazu herabließ, Sündenböcke zu suchen, um die moralische Krise oder die Angst vor der Zukunft zu erklären, oder ganz einfach, um Wähler für sich zu gewinnen. Es lag etwas Schlechtes, Ungesundes in der Luft, Gerüchte und Launen, bei denen Buchseiten, die viel Aufsehen erregten, Rassismus verströmten. Ein koffeinfreier Rassismus, der nicht wehzutun scheint, sich hinter Vermutungen und Vorwegnahmen verbirgt.

Es wurde mit Angst und Hass, Wahnvorstellungen und Identitätskrisen gehandelt. Die außerhalb der Gemeinschaft stehenden Muslime waren betroffen. Heute geht es ihnen schlecht, sind sie unglücklich, weil Barbaren im Namen ihrer Religion ein furchtbares Verbrechen begangen haben. Frankreich muss die Botschaft dieses neuen Terrors begreifen: Der Krieg wird auf seinem Gebiet ausgetragen. Inwieweit ist es vorbereitet, schwerbewaffnete Mörder zu bekämpfen, die anscheinend gut ausgebildet und entschlossen sind, überall Tod und Verderben hinzutragen?

Über diese Prüfung, über die Emotionen und den Zorn, über das Bedürfnis nach Gerechtigkeit hinaus muss die französische Gesellschaft, ihre politischen Parteien der Rechten wie der Linken, muss die Zivilgesellschaft, müssen wir alle uns bewusst werden, dass die Grundlagen unseres Landes, seine Werte und seine Traditionen direkt angegriffen und bedroht werden, dass es sich nicht um ein einfaches Abdriften von ein paar nach Rache gierenden Banditen handelt, sondern um den radikalen, heftigen Willen, Muslime daran zu hindern, ihre Religion auf laizistischem Gebiet unter Beachtung der Gesetze der Republik auszuüben, sie zu isolieren und aus ihnen Feinde Frankreichs zu machen. Deshalb müssen wir alle Widerstand leisten, denn wir sind alle betroffen.

Editorische Notiz

Tahar Ben Jelloun hat in der Debatte über den im Namen des Islam verübten Terror immer wieder seine Stimme erhoben und die Entwicklung eindringlich und warnend kommentiert.

Den Text *Sieben Worte* schrieb Tahar Ben Jelloun wenige Tage nach dem Anschlag auf *Charlie Hebdo.* Er erschien auf Französisch in der Ausgabe vom 19. Januar 2015 der Debattenzeitschrift *Le 1*, die den Titel trug »Ils n'ont pas tué Charlie!« (»Sie haben Charlie nicht getötet!«).

Der Islam, der uns Angst macht, fertiggestellt im Februar 2015, wurde in Frankreich bislang nicht veröffentlicht. In ähnlicher Form ist das fiktive Gespräch mit seiner Tochter in einer Anthologie des marokkanischen Verlags La Croisée des Chemins erschienen (*Ce qui nous somme*, 2015) sowie im italienischen Verlag Bompiani (*È questo l'islam che fa paura*, 2015).

Das Kapitel zum Dschihadismus in Europa umfasst einen Text, den Tahar Ben Jelloun im März 2012 unmittelbar nach der Anschlagsserie in Toulouse und Montauban verfasste (*La Soif du mal. Moi, Mohamed Merah*, erschienen in *Le Point*, 29. März 2012), sowie eine Analyse, deren erste Fassung nach den Morden im Jüdischen Museum von Brüssel entstand (*Comment on fabrique un djihadiste*, erschienen in *Le Point*, 18. September 2014).

Die Analyse der Entwicklung in den arabischen Ländern und der Entstehung des Islamischen Staats basiert auf Texten, die zwischen 2012 und 2014 entstanden: *L'Etat djihadiste, ses origines et ses menaces*, veröffentlicht auf der marokkanischen Nachrichtenseite *Le 360* (www.le360.ma) am 23. September 2014; *Syrie: victoire de la barbarie*, erschienen am 1. Oktober 2013 in *Le Point*; *Printemps arabe : bilan mitigé*, in spanischer Übersetzung erschienen in der Tageszeitung *La Vanguardia* (Barcelona) am 17. Dezember 2013, erweitert und überarbeitet im Frühjahr 2014; schließlich *Pourquoi »le printemps arabe« profite aux islamistes?*, erschienen am 16. Juni 2012 in *La Repubblica* sowie am 17./18. Juni 2012 in *Le Monde*.

Zur Situation Frankreichs nach dem Attentat auf *Charlie Hebdo* nahm Tahar Ben Jelloun am 12. Januar 2015 in der *New York Times* unter dem Titel »For French Muslims, a Moment of Truth« Stellung. Zum Widerstand gegen den Islamismus rief Ben Jelloun am Tag nach dem Anschlag in seiner Kolumne für *Le 360* auf (*Résistance*, 8. Januar 2015). Einen Tag nach den Kopenhagener Attentaten vom 14. und 15. Februar 2015 beleuchtete er in der *Libération* die islamistische Gewalt vor dem Hintergrund der widersprüchlichen Werte der muslimischen und der nordeuropäischen Welt (*Une haine féconde de tout ce qui est culturel*, 16. Februar 2015). Diese Texte gingen in den letzten Teil des Buches ein.

Personenregister